Le Soi
Les approches psychosociales

La collection LA PSYCHOLOGIE EN PLUS est dirigée
par Jean-Léon Beauvois et Guy Tiberghien.

BP 47 – 38040 Grenoble cedex 9
Tél : 76 82 56 51
ISBN : 2 7061 0652 2

Delphine MARTINOT

Le Soi
Les approches psychosociales

Presses universitaires de Grenoble
1995

Dans la même collection :

R. Ghiglione, C. Klekenbosch, A. Landré, *L'analyse cognitivo-discursive*, 1995

A paraître :

M.-D. Swendsen, C. Blatier, *La psychopathologie et les modèles cognitivo-comportementaux*, 1996

M. Boucart, *La reconnaissance d'objet*, 1996

G. Denhière, *La compréhension de textes*, 1996

« Commençons avec le Soi dans sa plus large acception, et suivons-le jusque dans sa forme la plus subtile et la plus délicate. »

(James, 1890, p. 291, notre traduction.)

Introduction

Comment décidez-vous de ce que vous êtes? Lorsque Kenrick (Seamon et Kenrick, 1992) a répondu à la question « Qui êtes-vous? », il a produit la liste suivante: « professeur, chercheur, père, mari, médiocre joueur de guitare, écrivain, natif de New York, grand, original, timide avec les étrangers, amical, irlandais, drôle, hédoniste. » Cette liste démontre qu'il existe différents types de processus de définition de Soi, c'est-à-dire différentes façons de se définir, ce dont nous allons discuter.

En 1902, le sociologue C. H. Cooley avance l'idée d'un « Soi miroir ». De la même façon que le miroir me donne un feed-back sur l'apparence de mon corps, les réactions des autres me fournissent un feed-back sur le type de personne que je suis. Ainsi, le *concept de Soi* d'une personne est partiellement enraciné dans l'image que lui renvoient les autres individus. Quand Kenrick s'estime drôle c'est parce qu'il entend fréquemment les autres rire quand ils essaient de les divertir. De la même manière, nous avons besoin de la réponse d'autrui pour nous voir amical.

Il existe une autre façon d'utiliser autrui pour nous définir: nous nous comparons aux autres. Quand on demande aux étudiants « Qui êtes-vous? », ils donnent généralement des caractéristiques qui les rendent différents d'autrui (McGuire et McGuire, 1988). Il est peu probable que Kenrick se décrirait comme né à New York s'il avait toujours vécu dans le même quartier de cette ville, où se décrire comme un habitant de New York n'est pas plus informatif que se décrire comme humain. De même, les individus mentionnent plus spécifiquement leurs caractéristiques physiques distinctives lorsqu'ils parlent de ce qu'ils sont. Ainsi, si Kenrick avait grandi dans un village africain, il se définirait comme un individu blanc plutôt que comme un Irlandais.

Nos définitions de Soi proviennent également des rôles que nous jouons, ceux que nous commençons à prendre au sérieux avec le temps (Hogan, 1976). Quand Kenrick est entré la première fois dans la position de professeur, ce rôle n'était probablement pas une partie « réelle » de lui-même, mais maintenant il a joué ce rôle de si nombreuses fois qu'il est devenu une part de lui-même, c'est-à-dire une part de son Soi. Le Soi est l'ensemble des éléments qui nous définissent. Il est ainsi composé des attitudes, des croyances, et des sentiments que les individus ont d'eux-mêmes. Baumeister (1991) note que certaines de nos définitions de nous-mêmes proviennent d'une transformation unique et irréversible dans notre rôle ou statut social. L'identité de Kenrick en tant que père est une transition d'une fois et pour toujours. D'autres définitions de Soi ont besoin d'être occasionnellement renouvelées. Son identité en tant que chercheur pourrait être redéfinie s'il arrêtait de collecter des données et de publier dans des journaux scientifiques. En peu d'années, Kenrick pourrait, en théorie, devenir un célibataire, bouddhiste, qui attend dans un restaurant de nourriture biologique. Avec l'incroyable diversité de rôles qu'il nous est possible d'endosser, nous pouvons nous demander quelle part de ce que nous sommes aujourd'hui, c'est-à-dire de notre Soi, est imputable à nos ancêtres. Dans l'impossibilité de répondre à cette question, nous allons plutôt ici essayer de savoir ce qu'est le Soi pour un psychologue. Dans ce but, nous allons présenter une synthèse d'un certain nombre de travaux portant sur le Soi. Mais il convient de préciser qu'en fonction de la branche de la psychologie qui va étudier cette notion, la terminologie se modifiera. Ainsi en psychologie clinique, on parlera plutôt du Moi ou de l'Ego alors que dans les autres secteurs, on évoquera plus généralement le Soi.

Très tôt la psychologie clinique, à l'instar de Freud, s'est intéressée à l'étude du Soi à travers l'analyse des processus subjectifs et notamment des mécanismes de défense du Moi. Cette branche de la psychologie a d'ailleurs donné lieu à l'une des familles théoriques les plus prolifiques dans ce domaine, l'Ego Psychology (la Psychologie de l'Ego) impulsée par Hartmann (1939). On a également étudié le Soi en adoptant une perspective phylogénétique (Smith, 1978), puis strictement biologique (Bernard, Bessis et Debru, 1990). De nombreuses recherches et théories en psychologie du développement (Harter, 1983) se sont intéressées à sa construction. Enfin, ce Soi, qui a longtemps été considéré comme un invariant humain, paraît soumis à des variations en fonction des contextes culturels (Markus et Kitayama, 1991). La complexité engendrée par une telle diversité d'approches possibles conduit inévitablement à limiter la visée de cet ouvrage. Aussi avons-nous délibérément choisi de rendre essentiellement compte de la façon dont le Soi est étudié en psychologie sociale, et plus spécifiquement dans le champ de la *cognition sociale.* De nombreux auteurs s'accordent en effet pour reconnaître que c'est le champ où les propositions théoriques et empiriques apparaissent, ces dernières années, comme étant les plus novatrices (voir pour un recueil de textes, Piolat, Hurtig et Pichevin, 1992).

Mais avant d'avancer dans cette direction, il est nécessaire de préciser que le Soi n'est pas une préoccupation scientifique nouvelle. En effet, comme nous l'écrivions récemment (Monteil et Martinot, 1991), la publication de l'ouvrage de James, *La conscience de Soi* (1890), marquait déjà une étape majeure dans l'évolution des conceptions du Soi. Dans ce livre, et en rupture avec les approches philosophiques de l'époque, le Soi est appréhendé dans sa dimension sociale. Moins de dix ans plus tard, Baldwin, dans sa théorie du socius (1897), avance une conception beaucoup plus radicale que celle de James en proposant, dans une perspective de psychologie du développement, de considérer le Soi comme un produit social et culturel. Mais, comme nous le constaterons dans le premier chapitre consacré à l'évolution historique des travaux sur le Soi, le manque de méthodologies empiriques capables de rivaliser, pour l'étude du Soi social, avec celles utilisées à l'époque pour étudier les processus sensoriels, l'apprentissage, la mémoire, etc., a contribué au déclassement du Soi comme objet scientifique.

Ces dernières années, un regain d'intérêt de la psychologie sociale expérimentale et de la psychologie cognitive à l'égard du Soi a pu être observé. Ce phénomène peut en partie être expliqué par les progrès de la démarche expérimentale qui ont rendu possible l'étude scientifique du Soi. Dans un second chapitre, nous nous référerons à un certain nombre de travaux classiques issus de cette perspective pour présenter les principales composantes du Soi. Cette présentation nous conduira à observer que les résultats de nombreuses études ont permis l'adoption, pour décrire le Soi, de notions comme celles de réseau en mémoire (e.g., Bower et Gilligan, 1979) ou de schéma (e.g., Markus, 1977). Le domaine d'étude sur le Soi s'est enrichi dès lors d'une nouvelle métaphore, celle du Soi comme « structure de connaissance ».

Le troisième chapitre sera ainsi consacré aux travaux ayant trait au Soi comme structure de connaissance dans le traitement de l'information. Nous aborderons tour à tour le rôle du Soi en mémoire, dans le traitement de l'information sur autrui, et enfin, le Soi comme schéma.

Dans un dernier chapitre, nous proposerons un certain nombre d'exercices dont le but est de permettre une meilleure assimilation des notions présentées dans ce livre.

Chapitre 1

Évolution de l'intérêt pour le Soi

La notion de Soi occupe une place importante dans la recherche en psychologie sociale et en psychologie de la personnalité. Il suffit de constater l'importance de la liste d'études où le terme « self » apparaît comme préfixe. Considérons les exemples suivants : self-awareness (prise de *conscience de Soi*), self-concept (concept de Soi), self-consciousness (*conscience de Soi*), self-control (contrôle de Soi), self-disclosure (révélation de soi), self-efficacy (auto-efficacité), self-esteem (*estime de Soi*), self-handicapping (auto-handicap), self-image (image de Soi), self-monitoring (contrôle de l'image de Soi), self-perception (autoperception), self-presentation (autoprésentation), self-regulation (autorégulation), self-schema (*schéma de Soi*), self-serving (autocomplaisance), self-verification (autovérification). Mais quelle définition du Soi recouvre cette richesse de notions qui lui sont liées ?

Il n'existe pas, bien évidemment, une seule réponse. Aussi, pour tenter de rendre plus compréhensible cette notion de « Soi », allons-nous commencer par resituer historiquement les définitions du Soi.

Trois grandes périodes d'intérêt pour le Soi peuvent être déterminées : le début du XXe siècle avec les ouvrages de James (1890), Baldwin (1897) et Cooley (1902), les années 30 avec les travaux de Mead (1934), et enfin la fin des années 70 avec l'émergence d'un attrait de la psychologie sociale expérimentale pour le Soi (e.g., Markus, 1977 ; Rogers, Kuiper et Kirker, 1977). Nous allons nous centrer sur les définitions du Soi à l'intérieur de chacune de ces grandes périodes.

L'émergence d'un intérêt pour le Soi

Émergence en psychologie

Le chapitre consacré par James à la *conscience de Soi* dans son ouvrage *Principes de psychologie* (1890) va constituer une transition majeure dans les conceptions du Soi. L'étude du Soi comme un phénomène social entraîne une rupture dans l'approche jusqu'alors philosophique de cette notion. James va, en effet, proposer une étude du Soi à partir du développement de la psychologie comme science naturelle, capable de présenter des théories de la pensée et du Soi empiriquement testables. Il part du principe que le Soi se décompose en Soi-objet et Soi-agent. Le Soi en tant qu'objet réfère à la connaissance et à l'évaluation de nous-mêmes, analogue dans son principe à la connaissance que nous avons d'autrui. Le Soi en tant qu'agent est une structure exécutive du système mental qui dirige et contrôle les expériences, les pensées et les actes.

James faisait également la différence entre plusieurs significations du Soi, comprenant le *Soi matériel* (tout ce qui m'est propre ; mes mains, et mes yeux par distinction des vôtres), le *Soi social* (la reconnaissance qu'ont mes amis de moi : comme joueur de piano, joueur de tennis, etc.), et le *Soi connaissant* (ma conscience momentanée ; le Soi qui lit ce livre et ressent une petite faim).

En ce qui concerne plus spécifiquement le Soi social, ce précurseur de la psychologie scientifique considère qu'un homme a autant de Soi sociaux qu'il y a d'individus pour les reconnaître. Le Soi correspond à la fois aux différentes perceptions que divers individus ont d'une personne et aux différentes perceptions que cette personne a de chacun de ces individus. Le dernier aspect est, selon James, le cœur de la personnalité sociale.

Moins de dix ans plus tard, Baldwin publiait *Social and Ethical Interpretations in Mental Development* (1897) (vraisemblablement le premier texte de psychologie sociale en anglais) dans lequel il proposait une théorie sur le développement du

Soi social. Sa théorie du « socius », terme fréquemment utilisé pour référer au Soi social, va considérablement plus loin que celle de James en s'intéressant au développement du Soi et en abordant tous les aspects du Soi comme des produits sociaux et culturels. Cependant, le terme « socius » est peu répandu dans la psychologie sociale et de la personnalité contemporaine, et Baldwin reste relativement inconnu dans l'histoire de ces champs. Paradoxalement, les idées de Baldwin sur le socius ont reçu probablement plus d'attention en historiographie de la sociopsychologie qu'elles n'en ont eue en psychologie (Karpf, 1932). Pourtant, il fut le premier psychologue à considérer la personnalité d'un individu comme un produit social et culturel qui se refléterait dans sa vision de Soi et d'autrui. Le socius, dans la conception de Baldwin, présente deux aspects reliés, l'ego et l'alter. Ces deux éléments constituent une dialectique et forment un Soi bipolaire avec l'ego à un pôle et l'alter à l'autre pôle. L'ego réfère aux pensées que nous avons sur nous-mêmes (comment nous nous voyons). L'alter représente les pensées (ce qui est dans notre conscience) que nous avons sur les personnes que nous connaissons, que nous pouvons imaginer, ou qui sont fictives ou mythiques. Pour soutenir son postulat selon lequel la personnalité ne peut être appréhendée autrement qu'en termes sociaux, il affirme que l'ego et l'alter sont inextricablement reliés et forment un Soi, une personnalité, en raison de leur développement conjoint dans l'enfance. Le développement de notre vue de nous-mêmes, l'ego, nécessite la présence d'autrui pour imiter, et le développement de notre vision des autres, l'alter, exige l'ego à partir duquel nous « projetons ». Baldwin est l'unique psychologue saillant de cette période, à l'exception de James, qui donne au Soi une perspective de psychologie sociale. Pourtant, les chercheurs de la fin du XIXe et du début du XXe siècle qui sont régulièrement identifiés comme ayant élaboré la conception du Soi social sont Charles Cooley et George Herbert Mead. Cooley (1902), qui a donné une perspective sociologique au Soi, reconnaissait qu'il avait été fortement influencé autant par James que par Baldwin. Mead (1934, 1963), le philosophe pragmatique, admettait également avoir une dette envers ces deux psychologues dans sa conceptualisation du Soi comme produit social. Pourtant, Baldwin sera, et est encore, relégué aux confins des études de la personnalité et de son développement. La principale raison de l'éclipse du socius, avec sa localisation dans la conscience, est le changement idéologique dû à l'avènement du behaviorisme en psychologie au début du XXe siècle. Une seconde explication se trouve dans l'absence, en cette première partie de ce siècle, d'une méthodologie empirique pour étudier le socius, méthodologie comparable en rigueur aux méthodes expérimentales utilisées à cette époque pour étudier les processus sensoriels, d'apprentissage, de mémoire, etc.

Émergence en sociologie

En sociologie, le concept de Soi social, esquissé par James et Baldwin, sera élaboré par Cooley et Mead pour continuer d'être développé par les interactionnistes symboliques contemporains (e.g., Stryker et Statham, 1985).

Mead (1934, 1963) a étudié de façon approfondie le problème du lien entre le Soi et le milieu. Pour cet auteur, le Soi d'un individu se développe à partir des jugements qu'autrui émet sur lui à l'intérieur d'un contexte dans lequel cet individu et autrui interagissent. Le Soi « n'est pas présent au départ, à la naissance, mais se développe tout au long de l'activité et de l'expérience sociale » (1963, p. 135). Alors que le processus constitutif du Soi est identique pour chaque individu, le Soi conserve néanmoins sa spécificité. Pour rendre compte de ces différences individuelles, Mead distingue deux aspects du Soi : « le Je et le Moi comme éléments constitutifs du Soi » (Mead, 1963, p. 178). Le Je représente l'aspect créateur du Soi qui répond aux attitudes d'autrui qu'on a intériorisées alors que le Moi est justement cet ensemble organisé des jugements d'autrui que le Soi assume. « Le Je est la réaction de l'organisme aux attitudes des autres ; le Moi est l'ensemble organisé des attitudes des autres que l'on assume soi-même. Les attitudes d'autrui constituent le

Moi organisé auquel on réagit comme Je» (Mead, 1963, p. 149). On perçoit bien que, dans la pensée de Mead, les groupes auxquels l'individu appartient vont servir de cadre de référence dans la constitution du Soi au niveau du Moi. «C'est sous la forme de l'autrui généralisé que le processus social influence le comportement des individus concernés… Car, c'est sous cette forme que le processus social ou la communauté pénètre en tant que facteur déterminant dans la mentalité de l'individu» (Mead, 1963, p. 155). Mais les différents groupes auxquels l'individu adhère peuvent avoir des attitudes et des normes contradictoires et même antagonistes. Or la théorie de Mead ne nous permet guère de prévoir comment vont être intériorisées au niveau du Moi les attitudes organisées contradictoires de ces différentes composantes de l'autrui généralisé (*cf.* Doise, Deschamps et Mugny, 1978, p. 31).

Un autre penseur qui a fortement contribué à l'élaboration du *concept de Soi* est donc Charles Cooley, surtout connu pour son concept de «Soi réfléchi» ou «Soi-miroir». «De la même façon que nous voyons notre visage, notre allure et nos vêtements dans la glace, nous nous y intéressons parce qu'ils sont nôtres et en sommes ou non satisfaits, de la même façon, nous percevons dans l'imagination, dans l'esprit d'autrui, quelque idée de notre apparence, de nos manières d'être, de nos buts, actes, traits de caractère, etc., et nous en sommes diversement affectés» (Cooley, 1902, p. 184). Mais, à la différence de Mead, la théorie de Cooley, comme d'ailleurs celle de James, ne donne pas de description détaillée et systématique du processus par lequel le Soi se développe.

Développement des recherches sur le Soi en psychologie

Les travaux de Cooley et Mead n'ont pas eu en psychologie l'influence qu'ils ont exercée en sociologie. Cela ne signifie pas pour autant que leurs travaux ont été ignorés en psychologie. Certaines recherches sur le Soi en psychologie sociale (Wegner et Vallacher, 1980) sont le reflet de la diffusion de l'orientation sociale donnée à son étude par Cooley et Mead. Néanmoins, chez la plupart des psychologues sociaux et de la personnalité contemporains, Cooley et Mead sont considérés comme des figures marginales, représentant une « perspective contextualiste », perspective qui a reçu seulement récemment quelque attention en psychologie sociale et de la personnalité (Sarbin, 1977). Alors que la psychologie sociale et la psychologie de la personnalité négligeaient le socius, elles se focalisaient plus volontiers sur l'étude de l'appréhension d'autrui, c'est-à-dire de la façon dont un individu perçoit d'autres personnes. L'étude de la perception des personnes est une tradition de recherches bien établie en psychologie sociale (Schneider, Hastorf et Ellsworth, 1979), reposant sur des méthodes sophistiquées pour étudier la formation des impressions, la mémoire des personnes, les théories implicites de la personnalité, etc. En revanche, possédant une mémoire de leur discipline plus longue que celle de leurs collègues psychologues, les sociologues ont, avec plus de permanence, manifesté un intérêt pour le Soi suscité par leurs théoriciens précurseurs tels que Mead et Cooley.

Ainsi, jusqu'aux années 70, les psychologues dans leur grande majorité ont négligé les recherches et les idées sur le Soi qui avaient été avancées par leurs fondateurs James et Baldwin. En fait, la psychologie sociale, vers la fin des années 70, a redécouvert le Soi, objet que les sociologues n'avaient pas pour leur part oublié.

Explosion de l'intérêt pour le Soi

Comme nous venons de le préciser, les premières approches du Soi, et notamment du Soi social, ont été esquissées par James (1890) et Baldwin (1897), et puissamment relayées par Cooley (1902) et Mead (1934). Pendant de nombreuses années pourtant, Cooley et Mead seront considérés comme des penseurs atypiques et marginaux trop attachés à une « perspective interactionniste ». Ce relatif mépris et cette marginalisation du Soi social comme objet d'étude sont vraisemblablement imputables, comme nous l'avons déjà précisé, à l'avènement d'un behaviorisme remettant en cause les cadres théoriques de la psychologie de la première moitié du XXe siècle, et au manque de méthodologies empiriques satisfaisantes.

Il n'en va plus de même aujourd'hui où les progrès de la démarche expérimentale ont rendu possible l'étude scientifique du Soi. Ainsi, depuis une quinzaine d'années, diverses théories se sont élaborées sur l'étude de la structure du Soi avec l'appui de méthodes expérimentales rigoureuses, mais délestant également le Soi de son essence sociale. Parallèlement, d'autres recherches se sont développées, héritières de la lignée du Soi social (Zavalloni et Louis-Guérin, 1988), mais déniant à la démarche expérimentale toute possibilité de supporter l'étude du Soi dans la complexité sociale censée le fonder. Cette approche considère les concepts de Soi des individus comme déterminés par leurs interactions symboliques avec autrui.

A partir des années 70, le nombre d'ouvrages de psychologie sociale et d'articles de recherches consacrés au Soi va ainsi se multiplier. Ce rapide bourgeonnement met l'accent sur l'importante variété d'influences qui s'exercent sur les pensées qu'ont les individus sur eux-mêmes et les façons souvent subtiles par lesquelles ces autoconceptions sont intimement liées à la régulation de la conduite humaine.

Deux perspectives vont générer la plupart des travaux menés sur le Soi : une perspective sociopsychologique et une perspective de psychologie sociale. Ces deux approches ne vont pas concevoir le Soi de la même façon. De manière générale, les psychologues sociaux commencent leurs analyses en s'intéressant à l'individu et à la façon dont les processus psychologiques intrapersonnels affectent la nature et les actions du Soi. En revanche, les sociopsychologues, grandement influencés par l'*interactionnisme symbolique*, tendent à accorder beaucoup plus d'attention à la part jouée par les interactions sociales et s'intéressent surtout au rôle du langage et aux communications interpersonnelles dans la formation et les actions du Soi.

L'approche interactionniste symbolique

Le postulat fondamental de l'*interactionnisme symbolique* est que l'individu et la société sont des unités inséparables, interdépendantes, se construisant réciproquement. Le Soi et la société interagissent mutuellement, chacun n'étant pleinement compréhensible que dans le contexte de ses rapports avec l'autre. Les interactionnistes symboliques vont, dès lors, considérer les concepts de Soi des individus comme étant déterminés par leurs interactions symboliques avec autrui. Dans cette optique, une personne acquiert des caractéristiques au cours du processus d'interaction avec son environnement social, notamment sur la base des rôles qu'elle tient, mais elle commence aussi à éprouver un sentiment de Soi. Elle s'aperçoit progressivement que les autres réagissent à sa présence et à ses propres actes et qualités personnelles conformément à ses attentes. Cette aptitude naissante à adopter le point de vue d'autrui et à se considérer soi-même comme un objet engendre des croyances et des attitudes relatives à Soi, bref une « conception de Soi ». Les théoriciens du rôle (Goffman, 1959; Mead, 1934, 1963), bien plus que les théoriciens d'autres orientations, ont élaboré et employé le *concept de Soi* comme une structure cognitive qui naît de l'interaction de l'organisme humain et de son environnement social.

Le social et le cognitif paraissent indissociablement liés, au point que certains auteurs (McGuire et McGuire, 1988; Zavalloni et Louis-Guérin, 1988), identifiés comme des interactionnistes symboliques, imaginent impossible qu'un individu seul puisse extérioriser ses propres points de vue. Mead fut l'un des premiers à soutenir la thèse selon laquelle seul le lien social permet une telle extériorisation, parce qu'il permet à l'individu de se voir avec les yeux des autres. Les individus apprennent aussi sur eux-mêmes des autres, à la fois dans les comparaisons sociales et dans les interactions directes. McGuire et McGuire (1988) trouvent ainsi qu'un des déterminants les plus puissants des conceptions de Soi couramment utilisables est la configuration de l'environnement social immédiat.

Ce courant interactionniste symbolique fournit une quantité non négligeable de travaux sur le concept de Soi. Il se caractérise par un scepticisme croissant à l'égard de « l'attitude pseudo-scientifique traditionnelle » et de la démarche expérimentale (Zavalloni et Louis-Guérin, 1988, p. 176). Pour les chercheurs qui se réclament de ce courant, les recherches à orientation cognitiviste sont mécanistes et uniquement synchroniques, et ne peuvent qu'ignorer la capacité de l'individu à se construire activement un Soi et à se comprendre comme un être historique. Cette approche soulève des problèmes intéressants. Il est vrai, par exemple, que les études se focalisant exclusivement sur la structure du Soi négligent un aspect essentiel de la constitution du concept de Soi : autrui. Elles ne permettent pas non plus de voir les relations étroites qui peuvent exister entre les versants personnel et social du concept de Soi, l'histoire personnelle étant intimement liée à l'histoire collective et dépendant des appartenances et affiliations sociales. Mais si les problèmes soulevés par les interactionnistes symboliques sont bien réels, les réponses apportées sont moins satisfaisantes. En admettant même que l'approche expérimentale ne fournisse pas d'éléments décisifs pour rendre compte du social, « on voit mal en quoi la récuser par principe constituerait un quelconque progrès » (Monteil et Martinot, 1991, p. 63). Ce refus de la méthode expérimentale a dès lors conduit la recherche interactionniste à être perçue comme sans utilité, et à être rejetée par les tenants d'une *approche cognitive.*

L'approche cognitive du Soi

Depuis plusieurs années la psychologie cognitive, branche de la psychologie qui étudie la cognition, donc les processus mentaux, a adopté, et de façon quasi exclusive, une perspective de traitement de l'information. Cette approche a pour principale caractéristique de considérer les processus mentaux comme une succession d'étapes, chacune d'entre elles étant consacrée à l'exécution d'une fonction particulière, d'une partie du traitement de l'information. Les recherches en psychologie sociale de ces dernières années sont très largement inspirées de théories et paradigmes issus de la psychologie cognitive. Les psychologues sociaux ont ainsi orienté leurs travaux vers des objets plus en relation avec l'approche du traitement de l'information tels l'encodage, l'organisation, le stockage ou la récupération de l'information. Sont ainsi apparus des chercheurs considérant que nous différons au niveau des choses auxquelles nous choisissons de prêter attention, dans la façon dont nous encodons ce qui nous arrive et récupérons l'information en mémoire (Carver et Scheier, 1988). Dans cette perspective cognitive, expérimentale, les représentations de Soi, sujet de réflexions conscientes, sont généralement nommées conceptions de Soi. Elles diffèrent quant à leur centralité ou leur importance, certaines étant plus centrales que d'autres. Les conceptions de Soi centrales sont généralement les mieux élaborées et sont présumées diriger plus fortement le traitement de l'information et les comportements.

Dans cette perspective cognitive, les théoriciens du Soi et de l'identité paraissent s'accorder sur le fait que le Soi contiendrait une variété de représentations. Les représentations de Soi seraient cognitives et/ou affectives – ces dernières correspondent aux auto-évaluations positives et négatives –, de formes verbales, neuronales ou sensori-motrices, ou sous forme d'images. Elles représenteraient le Soi dans le passé et le futur aussi bien que dans l'ici et maintenant; elles seraient ainsi des représentations du Soi actuel et du Soi possible. Certaines seraient organisées dans des structures contenant à la fois une base de connaissances bien élaborées et des règles de production pour savoir comment se comporter dans certains types de conditions. D'autres conceptions seraient plus provisoires, construites sur le lieu d'une interaction sociale particulière.

En accord avec cette orientation cognitive générique, un certain nombre d'approches spécifiques vont dès lors se développer, dont l'approche structurale que nous allons présenter succinctement avant de nous intéresser plus amplement, dans le chapitre 3, à ces supports empiriques.

La large adoption, ces dernières années, pour décrire le soi, de termes tels que *prototype* (e.g., Rogers, Rogers et Kuiper, 1979), réseau en mémoire (e.g., Bower et Gilligan, 1979) ou schéma (e.g., Markus, 1977), alimente l'hypothèse selon laquelle le Soi est une structure de connaissance. En justifiant ainsi l'interprétation du Soi comme une organisation de la connaissance, la recherche de ces vingt dernières années en a fait un objet au centre de la psychologie empirique. Il devient clair également que le Soi peut influencer chaque aspect du traitement de l'information susceptible de concerner les individus (information autopertinente).

Par exemple, certaines différences entre les individus pourraient s'expliquer par un recours à des schémas différents, ou des filtres cognitifs différents, qu'ils utilisent pour interpréter les événements de leurs vies. Un schéma est une structure conceptuelle qu'une personne utilise pour collecter et organiser l'information sur son univers. Les schémas influencent ce à quoi une personne va prêter attention, ce qu'elle en pense, et ce qu'elle se rappelle. Ainsi, si vous êtes timide, c'est peut-être parce que vous tendez à interpréter le comportement des autres personnes en recourant à un schéma de « rejet social ». Autrement dit, vous interprétez nombre de situations de votre vie en pensant que les autres peuvent vous rejeter socialement. Un schéma de rejet social influencera l'attention, la pensée et la mémoire. Par exemple, les étudiants timides ont tendance à davantage remarquer et se rappeler des rencontres déplaisantes avec autrui (Graziano, Feldesman et Rahe, 1985).

Conclusion

Nous avons pu constater que l'étude du Soi intègre diverses approches, cognitives ou non. Mais qu'est-ce exactement que le « Soi » ? Avant d'analyser plus intensivement la recherche dans ce domaine, il est utile de considérer notre propre Soi. Prenez un moment et essayez de répondre, en trois ou quatre lignes, à la question suivante :

Qui êtes-vous ?

La recherche actuelle sur le Soi s'intéresse à la façon dont nous nous définissons (*concept de Soi*), nous nous évaluons (*estime de Soi*), et nous « nous présentons » à autrui aussi bien qu'à nous-mêmes (*présentation de Soi*). Nous allons aborder tour à tour ces différentes composantes de notre Soi, c'est-à-dire ces différents éléments qui nous permettent de répondre à la question : « Qui êtes-vous ? »

POUR EN SAVOIR PLUS

Mead, G.-H. (1963). *L'esprit, le soi, la société.* Paris : PUF.

Monteil, J.-M. et Martinot, D. (1991). Le soi et ses propriétés : analyse critique. *Psychologie française. 36-1,* 56-65.

Piolat, M., Hurtig, M.-C., et Pichevin, M.-F. (1992). *Le Soi : Recherches dans le champ de la cognition sociale. Textes de base en psychologie.* Neuchâtel : Delachaux et Niestlé (voir plus spécialement l'introduction).

Zavalloni, M. et Louis-Guérin, C. (1988). « La transdimensionnalité de mots identitaires : explorations ego-écologiques ». *Revue internationale de psychologie sociale,* 1, p. 173-187.

Chapitre 2

Principales composantes du Soi

Pouvez-vous imaginer une vie cohérente et signifiante sans un sentiment clair de ce que vous êtes ?

Premièrement, la capacité d'autoréflexion est nécessaire pour que les individus aient le sentiment de comprendre leurs propres motivations et émotions ainsi que les causes de leurs comportements.

Deuxièmement, le Soi est fortement influencé par les facteurs sociaux. Notre façon de penser et d'essayer de nous présenter est, en effet, largement dépendante des individus qui nous entourent. Et, globalement, nous pouvons considérer que ce Soi social est structuré par trois composantes essentielles : l'affect, le comportement et la cognition, comme le montre la figure 1.

Figure 1 : *Aspects du Soi social*

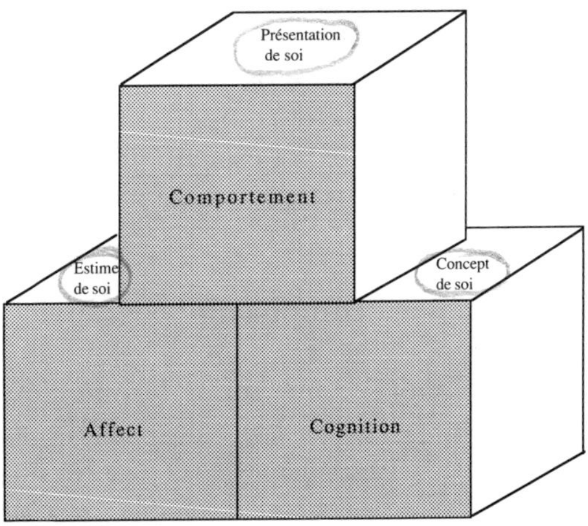

Dans ce chapitre, nous allons aborder tour à tour ces trois fondements du Soi. D'abord, nous poserons la question à orientation cognitive suivante : comment les individus en arrivent-ils à se comprendre eux-mêmes, développent-ils un concept de Soi, et maintiennent-ils un sentiment d'identité stable ? Secundo, nous envisagerons l'aspect émotionnel et affectif qui concerne la façon dont les individus s'évaluent eux-mêmes, améliorent leurs images de Soi, et se défendent face à des menaces envers leur *estime de Soi* ? Troisièmement, nous explorerons la question comportementale suivante : comment les individus se présentent à autrui et régulent leurs actions en fonction des demandes interpersonnelles ?

Pour essayer de répondre à ces interrogations, nous aborderons le Soi dans une perspective de psychologie sociale. Tout au long de l'histoire, les philosophes, les poètes, les théoriciens de la personnalité mais aussi certains psychologues sociaux ont dépeint le Soi comme un aspect stable et durable de la personnalité humaine, un « centre interne » invisible, consistant à travers le temps et lent au changement. La lutte pour « se trouver soi-même » ou « être vrai pour soi-même » est basée sur ce portrait. En revanche, la plupart des psychologues sociaux, notamment dans le champ de la *cognition sociale*, pensent que, dans une certaine mesure, le Soi est malléable, modelé par les expériences de la vie et changeant d'une situation à l'autre. Dans cette perspective, le Soi a de nombreuses facettes différentes (Markus et Kunda, 1986 ; Martinot, 1993). Nous explorerons alors le Soi dans ses composantes cognitive, affective et comportementale en considérant ces deux approches : le Soi en tant qu'élément stable de la personnalité et le Soi envisagé comme malléable.

Le concept de Soi : la composante cognitive

N'êtes-vous jamais allé(e) à une soirée bruyante où vous avez entendu quelqu'un à l'autre bout de la pièce mentionner votre nom ? Si c'est le cas, vous avez vécu ce qu'on appelle le « phénomène de la soirée-cocktail » (*cocktail party phenomenon*), c'est-à-dire la capacité à capter un stimulus pertinent pour Soi au sein d'un environnement complexe (Moray, 1959). Pour les psychologues cognitivistes, ce phénomène indique que les individus sont sélectifs dans leurs perceptions des stimuli. Pour les psychologues sociaux, il illustre le fait que le Soi n'est pas seulement un stimulus social parmi d'autres: il est le plus important objet de notre attention.

Les recherches sur la composante cognitive du Soi, que nous nommerons ici *concept de Soi*, révèlent deux aspects opposés: il peut être malléable et fortement influencé par les contextes (e.g., McGuire et McGuire, 1988) comme stable et résistant au changement (e.g., Swann, 1985). Nous allons examiner cette dualité.

Le concept de Soi: un concept à la fois stable et malléable

— Stabilité générale et malléabilité locale

La littérature sur la composante cognitive du Soi – *le concept de Soi* – est caractérisée par une controverse continue pour déterminer si ce concept est stable ou malléable. Markus et Kunda (1986) suggèrent qu'il est les deux à la fois, la stabilité observée sur des descriptions générales de Soi masquant des variations locales significatives. Les changements temporaires, provoqués par des circonstances sociales particulières, se reflètent dans les contenus d'un *concept de Soi de travail*. Mais pour aborder ce concept de Soi de travail, il est nécessaire de se référer au concept de Soi accessible (Cantor et Kihlstrom, 1986). L'idée consiste simplement à supposer que toutes les représentations de Soi formant le *concept de Soi* complet ne seront pas accessibles à tout moment. Bien que le *concept de Soi* demeure sur de nombreux aspects assez stable, cette stabilité peut masquer des modifications locales notables survenant quand l'individu répond aux événements de l'environnement social. Le *concept de Soi de travail*, ou concept de Soi du moment, est vu comme un domaine de connaissances accessibles, continuellement actif et changeant (Markus et Wurf, 1987). Il est constitué de certaines conceptions de Soi centrales associées à des conceptions de Soi plus provisoires liées aux circonstances prédominantes. Ainsi le *concept de Soi de travail* est une structure temporaire constituée d'éléments accessibles issus de la collection des conceptions de Soi, organisés en une configuration déterminée par les événements sociaux du moment. Dès lors, les résultats révélant une certaine malléabilité du Soi (Fazio, Effrein, Falender, 1981) peuvent être expliqués par un changement des contenus, non du concept de soi proprement dit, mais du concept de Soi de travail. Les circonstances entourant la manipulation expérimentale font que certaines conceptions de Soi, et pas d'autres, sont accessibles en pensée et en mémoire dans la situation qu'affronte le sujet (Markus et Wurf, 1987). Cette approche du concept de Soi tend à montrer qu'il n'existe pas de Soi fixe et statique mais seulement un concept de Soi habituel, construit à partir de nos propres expériences sociales. C'est un modèle dynamique du concept de Soi (e.g., Markus et Wurf, 1987).

Le *concept de Soi* est alors défini comme une collection d'autoreprésentations, le *concept de Soi de travail* étant une sous-classe de représentations accessibles à un moment donné. Les structures actives dans le concept de Soi de travail sont la base de l'initiation, de l'observation, du jugement, et de l'évaluation des actions de l'individu. La malléabilité du concept de Soi (variation dans le concept de Soi de travail) se produit quand le contexte des conceptions de Soi entourant les éléments centraux change. La plupart des évaluations typiques du concept de Soi, telles que les listes d'adjectifs, ne refléteront pas ces variations au sein des conceptions de Soi. Les changements de cette nature exigent des mesures, comme le montre l'expérience de Markus et Kunda (1986), qui révèlent à la fois l'utilisation différentielle des conceptions de Soi et les modifications dans la signification et l'interprétation données aux diverses autodescriptions.

Markus et Kunda ont eu l'idée de faire varier l'environnement social en créant une situation dans laquelle ils annoncent aux sujets qu'ils sont soit très uniques (groupe 1), soit très similaires aux autres (groupe 2). Pour induire ce sentiment d'unicité ou de similarité, l'expérimentateur disait à chaque sujet qu'elle (l'ensemble des sujets était de sexe féminin) participait à une étude sur les attitudes et opinions. On présentait à chaque sujet une série de dix-huit posters contenant chacun trois dessins et on demandait au sujet de choisir pour chaque poster le dessin qu'il préférait. Pour effectuer cette tâche, le sujet n'était pas seul, mais en présence de trois collaborateurs de l'expérimentateur. Ces compères étaient présentés aux sujets comme d'autres étudiants et non comme des collaborateurs de l'expérimentateur. Dans la condition « unicité », les compères étaient en désaccord avec le sujet sur la tâche de jugement de préférence à propos de quinze posters sur dix-huit. Dans la condition « similarité », c'était l'inverse. Les compères choisissaient le même dessin que le sujet pour quinze posters sur dix-huit. Suite à cette manipulation, l'ensemble des sujets effectuait trois tâches différentes destinées à appréhender le contenu de leur concept de Soi.

Lors de la première tâche, ils devaient juger si les mots qui leur étaient proposés les décrivaient bien (s'ils étaient « autodescriptifs ») ou ne les décrivaient pas bien. Les auteurs répertoriaient alors :

– le nombre de mots illustratifs de la similarité (e.g., moyen, normal, suiveur) et le nombre de mots illustratifs de l'unicité (e.g., original, indépendant, unique) jugés autodescriptifs,

et

– les temps de latence nécessaires à l'émission de ces jugements.

Ensuite, les sujets devaient effectuer une tâche d'association de mots. On leur présentait des mots reliés à la similarité et d'autres mots en rapport avec l'unicité. Pour chaque terme proposé, ils devaient écrire tous les mots qui leur venaient à l'esprit. Les auteurs comptabilisaient alors le nombre de mots positifs (e.g., agréable, joyeux) et le nombre de mots négatifs (e.g., mauvais, vile) associés aux termes en rapport avec la similarité ; ils réitéraient le même calcul avec les termes reliés à l'unicité.

Enfin, la dernière tâche proposée était une tâche de jugements de similarité vis-à-vis de certains groupes de référence.

On présentait ainsi aux sujets quinze noms de groupes auxquels ils appartenaient (e.g., Américains ou femmes) et quinze noms de groupes auxquels ils n'appartenaient pas (e.g., Français ou hommes). Les sujets devaient, pour chaque groupe, estimer, sur une échelle en six points, leur degré de similarité au groupe. Avec cette troisième tâche, les auteurs avaient pour objectif de comparer les estimations de similarité des sujets envers leurs groupes d'appartenance (endogroupe) aux estimations de similarité envers les groupes auxquels ils n'appartenaient pas (exogroupe).

Bien que l'unicité et la similarité des sujets ne différaient pas en matière de traits utilisés pour se décrire, elles différaient systématiquement quant aux latences de jugement. Les concepts de Soi de ces individus semblaient rester assez stables dans le sens où l'induction expérimentale n'avait pas influencé les termes utilisés pour se décrire. Le nombre de mots de similarité ou d'unicité jugés autodescriptifs n'était en effet pas significativement différent entre les sujets de la condition « unicité » et les sujets de la condition « similarité ». Quelle que soit la condition expérimentale, les sujets se caractérisaient de la même façon comme à la fois similaires aux autres et uniques. Si on se contente de collecter seulement ces observations, on peut inférer que les conceptions de Soi de ces individus sont relativement insensibles aux informations pourtant pertinentes pour leur Soi délivrées pendant l'expérience. Cependant, dans le même temps, les résultats en rapport avec les latences de réponses suggèrent que, sous-jacentes à des autodescriptions générales identiques, se trouvent des conceptions de Soi temporairement très différentes. Alors que les sujets des deux conditions expérimentales se décrivent de façon identique à un niveau général, il est possible que ces autodescriptions génériques soient sous-tendues par des conceptions de Soi plus temporaires qui, elles, différeraient entre les deux groupes d'individus. Les sujets conduits à se sentir uniques produisaient en effet relativement plus d'associations négatives pour les mots reliés à l'unicité et relativement plus d'associations positives pour les mots en rapport avec la similarité. De plus, ils étaient relativement rapides à approuver et lents à rejeter, dans leurs jugements autodescriptifs, les mots en relation avec la similarité. Enfin, ils se voyaient plus similaires à leurs groupes d'appartenance et moins similaires aux autres groupes que les sujets de la condition « similarité ». Les individus conduits à se sentir extrêmement similaires aux autres répondaient de manière exactement opposée sur l'ensemble des mesures.

Ces résultats impliquent que les sujets amenés à se trouver uniques récupèrent des conceptions d'eux-mêmes corroborant leur similarité à autrui alors que les sujets amenés à se trouver similaires aux autres récupèrent des conceptions d'eux-mêmes confirmant leur unicité. La malléabilité observée dans cette étude résulterait pour Markus et Kunda (1986) d'une modification de l'accessibilité de conceptions de Soi particulières et temporaires. De tels résultats ne contredisent cependant pas la possibilité que le Soi résiste à la modification ou au changement, ou qu'il déforme sélectivement la réalité pour maintenir une vue positive.

Pour continuer de s'interroger sur la possibilité d'une coexistence entre malléabilité et stabilité à l'intérieur de la composante cognitive du Soi, nous pouvons nous demander comment les individus tissent ensemble des conceptions de Soi variées. Il semble que les individus effectuent une réécriture permanente de leur histoire pour entretenir un sentiment de stabilité. Une telle conception est supportée par des recherches sur le rappel autobiographique. Ces dernières alimentent l'hypothèse d'une réécriture fréquente, de la part des individus, de leur histoire personnelle pour supporter une vue de Soi cohérente avec leur représentation de Soi actuelle (Ross et Conway, 1986).

— Le rappel autobiographique

Ross et Conway (1986) proposent un modèle où le rappel autobiographique serait un processus reconstructif médiatisé par les croyances des individus quant à la stabilité de leur Soi. Plus précisément, Ross considère que la *mémoire autobiographique* est, en partie, un processus de reconstruction guidé par des théories implicites sur le changement et la stabilité. Sa théorie développe l'argument suivant: quand un individu se remémore son propre passé, il évalue en fait ses connaissances et croyances passées à partir de ses connaissances et croyances actuelles. Autrement dit, l'individu qui récupère en mémoire un événement du passé pertinent pour lui le fait à partir de ses connaissances actuelles sur lui-même. Si une personne estime qu'elle n'a pas changé avec le temps, alors elle pensera que sa connaissance actuelle est une représentation exacte de sa connaissance passée de l'événement. Elle basera dès lors le rappel d'un souvenir passé sur sa connaissance actuelle. En revanche, si une personne estime que son passé est différent de ce qu'elle est actuellement, alors, par reconstruction, sa connaissance actuelle sera modifiée pour être conforme avec l'idée qu'elle se fait de son passé. Elle pourra ainsi considérer cette connaissance actuelle modifiée comme une représentation de sa connaissance du passé. Par exemple, si une personne s'estime plus sociable aujourd'hui qu'il y a dix ans et si on lui demande de se rappeler un épisode (en rapport avec la sociabilité) qui s'est déroulé dix ans auparavant, une stratégie de reconstruction consisterait:

– à évaluer d'abord quelle action elle pense être capable de faire aujourd'hui (évaluation basée sur ses croyances actuelles sur sa sociabilité),

puis

– à modifier ensuite cette action actuelle sur la base de sa croyance sur sa sociabilité passée (c'est-à-dire ici rendre moins sociable son action).

Ce modèle de Ross et Conway (1986) prédit ainsi que le rappel de souvenirs sera conforme à la réalité quand l'individu croit qu'il y a stabilité du Soi et de la connaissance à travers le temps et que cette stabilité est réelle.

Il prédit également que le rappel de souvenirs sera déformé si une personne croit:

– que le Soi a changé avec le temps alors qu'en fait il n'a pas changé;

ou

– que le Soi a été stable à travers le temps, alors qu'en fait la connaissance a changé.

Une expérience de Katz (1989) teste ce modèle avec un indice de mémoire présentant une certaine validité écologique. Le contenu des souvenirs auxquels cet auteur s'intéresse est celui de prédictions faites quant à un événement ultérieur, le temps écoulé entre l'émission de ces prédictions et leur rappel (six mois) étant représentatif de la *mémoire autobiographique*. Concrètement, Katz demande à des sujets d'indiquer leur degré d'expertise en base-ball et de faire des prédictions sur le classement final des équipes du championnat. Comme attendu (*cf.* Ross et Conway, 1986), six mois plus tard et alors que le championnat est terminé, lorsqu'on demande aux sujets de se rappeler leurs prédictions, ceux qui se sont estimé experts récupèrent des souvenirs qui se trouvent en accord avec l'issue finale du championnat. Ils auraient donc, en quelque sorte, « réécrit » leur histoire personnelle. Mais nous pouvons tout aussi bien envisager une autre hypothèse : parce qu'ils se sont présentés comme des experts dans la première phase de l'expérience, ils veulent donner une image cohérente d'eux-mêmes aux autres et notamment à l'expérimentateur et dès lors font comme s'ils avaient prédit le bon classement. Rien ne nous permet en effet d'affirmer que, dans cette expérience, les sujets n'ont pas conscience d'avoir modifié leur souvenir. Dans cette optique, ce ne serait pas la nécessité inconsciente d'avoir une vision stable de Soi *per se* qui générerait un rappel biaisé mais une volonté de donner une image stable de Soi à autrui. On peut dès lors légitimement se demander s'il est plus important pour un individu d'avoir pour lui-même une vue stable de lui-même ou qu'autrui ait une vision stable de lui. Si l'on en croit Codol, « il est bon de se montrer cohérent et fidèle à soi-même » (1984, p. 526). Mais qu'est-ce qui sous-tend ce sentiment de stabilité chez un individu ?

— Les croyances sur Soi

Il semble que la force des croyances des individus sur eux-mêmes soit un élément fondamental dans la clarification du problème de la stabilité. Par exemple, Markus et Sentis (1982) ont montré que les images de Soi peuvent être envisagées comme relativement durables et stables lorsqu'elles sont basées sur des croyances sur Soi fortes et bien définies sur des dimensions spécifiques. En revanche, les croyances sur Soi les plus faibles seraient aisément modifiées par l'émission de comportements contradictoires. Cette même recherche indique que les croyances sur Soi les plus fortes guident les jugements et les comportements et sont résistantes aux pressions situationnelles pour le changement.

De tels résultats ont conduit Markus et Wurf (1987) à développer un modèle du *concept de Soi* qui, dans le même temps, révèle la nature relativement stable, continue de ce concept et sa nature dynamique, apte au changement quand il médiatise les actions des individus en proie à la diversité des circonstances sociales.

Nous avons déjà précisé que malléabilité et stabilité peuvent coexister dans le *concept de Soi* parce qu'il renferme une sous-classe de représentations accessibles à un moment donné, appelée concept de Soi de travail. Le concept de Soi de travail, changeant, est basé seulement sur un sous-ensemble d'un groupe complexe et souvent contradictoire de connaissances de Soi stables, utilisables par le sujet (Markus et Kunda, 1986). Sanitioso, Kunda et Fong (1990) affirment que certaines conditions sont nécessaires pour entraîner des changements dans le concept de Soi. Une caractéristique importante du concept de Soi est à l'origine de ces conditions: ce concept est en effet construit sur la base à la fois de forces chroniques telles que les connaissances sur Soi et de forces temporaires telles que les motivations actuelles. La capacité des individus à construire des croyances désirées et optimistes sera contrainte en conséquence par des exigences de plausibilité et de réalité, imposées par leurs propres croyances sur eux-mêmes. Ces conditions à remplir ou ces contraintes nécessaires aux changements du concept de Soi impliquent, plus généralement, que les individus n'en viennent pas à croire toute chose uniquement parce qu'ils souhaitent la croire. Ainsi, dans l'ensemble des recherches de Kunda et Sanitioso

(1989), les changements dans les conceptions de Soi paraissent être contraints par les croyances sur Soi. Les sujets fortement extravertis n'en viennent pas à se voir comme introvertis uniquement parce qu'on les encourage à croire que l'introversion est bénéfique. Ils sont seulement conduits à se considérer comme un peu moins extravertis, et un peu plus introvertis. Les buts désirables ne conduiraient donc pas les individus à prendre simplement possession d'attributs désirables. En fait, les sujets tendent plutôt à récupérer des preuves montrant qu'ils possèdent ces attributs, et ils changent leurs concepts de Soi seulement dans une proportion autorisée par leurs propres connaissances sur eux-mêmes. Par exemple, lorsqu'on fait en sorte que les individus croient qu'un attribut donné conduit au succès, ils vont émettre l'hypothèse qu'ils possèdent cet attribut. Ils conduiront alors une recherche en mémoire pour déterminer si l'hypothèse est vraie, ne réalisant pas que leur recherche est probablement biaisée dans le sens d'une confirmation d'hypothèse (Greenwald, 1980). Bien que de tels changements dans les concepts de Soi soient probablement temporaires, Kunda et collaborateurs (Kunda et Sanitioso, 1989 ; Sanitioso, Kunda et Fong, 1990) pensent qu'ils auront certainement des conséquences puissantes.

Conclusion : les éléments qui nous définissent le mieux sont stables alors que ceux qui nous caractérisent moins bien évoluent avec la situation.

D'un côté les chercheurs (Markus, 1977, Greenwald, 1980) dont les travaux montrent que le concept de Soi paraît stable, reconnaissent néanmoins qu'il peut se produire des variations situationnelles significatives bien que seulement locales. D'un autre côté, les chercheurs dont les recherches mettent en évidence une certaine malléabilité de ce concept sont unanimes, et ce, qu'il soient interactionnistes (Gergen et Gergen, 1988) ou cognitivistes (Markus et Kunda, 1987), pour admettre que cette souplesse du concept de Soi ne peut en aucun cas atteindre les conceptions de Soi centrales.

Le concept de Soi, ou composante cognitive du Soi, peut en effet être considéré comme stable dans le sens où l'univers des conceptions de Soi est relativement stable, mais il apparaît comme malléable en raison des changements intervenant sur les contenus du concept de Soi de travail. Certaines conceptions de Soi, en raison de leur importance pour la définition du Soi et de leur considérable élaboration, sont probablement utilisables constamment pour caractériser le Soi. Elles sont ce que Higgins (Higgins, King et Mavin, 1982) a appelé des conceptions de Soi chroniquement accessibles et ce que Markus (1977) a développé sous le nom de *schémas de Soi*. D'autres conceptions de Soi varient dans leur accessibilité en fonction des états affectifs et motivationnels de l'individu, ou des conditions sociales prédominantes. Ces conceptions de Soi deviennent actives en mémoire de travail quand elles sont déclenchées par des événements signifiants pertinents pour l'individu, ou quand elles peuvent être utilisées par celui-ci en réponse à un événement ou à une situation.

En conséquence, on peut conclure que les recherches sur la composante cognitive du Soi – *le concept de Soi* – montrent majoritairement une stabilité de ce dernier en ce qui concerne ses conceptions centrales. Seules les conceptions de Soi plus périphériques ou localement activées paraissent être sensibles aux variations situationnelles, cette sensibilité se manifestant dans le contenu du *concept de Soi de travail.*

Toutefois, Markus et Kunda reconnaissent que si des situations exigeant une activation de conceptions de Soi en désaccord avec certaines conceptions de Soi centrales surviennent de façon répétitive, on peut imaginer que ces conceptions centrales changeront également. Les résultats obtenus par Lepper et ses collaborateurs (1986) montrent effectivement que les auto-évaluations de sujets suite à une bonne performance ou une mauvaise performance demeurent lourdement influencées par ce succès ou cet échec, même quand ces individus ont été exposés à une preuve concrète destinée à rendre saillante une interprétation alternative plausible de leur performance (*cf. infra* partie sur la présentation de soi).

Finalement, ces données impliquent que si nous abordons le concept de Soi comme un régulateur significatif du comportement, il devrait être exploré alors que l'individu s'engage dans une situation sociale particulière ou répond à une tâche ou un objectif. Placer l'individu dans un contexte particulier révèle comment le concept de Soi, bien que résistant au défi et au désaccord, varie avec la situation sociale prédominante, et comment il dépend du contexte social pour ses expressions et manifestations particulières (Markus et Kunda, 1986). En fait, le concept de Soi est à la fois stable et instable, à la fois confirmé et évolutif. Le concept de Soi est tout cela non seulement parce que les individus possèdent de nombreuses croyances différentes sur eux-mêmes mais aussi parce qu'ils accordent des significations différentes à leurs différentes visions de Soi. Pour Pelham (1991), une résolution possible du débat stabilité-malléabilité serait une distinction entre concept de Soi et image de Soi. Alors que les images de Soi des individus (leurs perceptions momentanées de ce qu'ils sont) seraient relativement plastiques, leurs conceptions de Soi centrales resteraient très stables à travers le temps.

Nous venons d'examiner un certain nombre d'aspects du concept de Soi qui correspond à la composante cognitive du Soi. Qu'en est-il de sa composante affective ? Est-elle plutôt stable ou plutôt malléable ?

L'Estime de Soi : la composante affective

Que pensez-vous de vous-même ? Etes-vous capable de faire certaines choses aussi bien qu'autrui ? Etes-vous satisfait de votre apparence et de votre personnalité ? Ne vous sentez-vous jamais inutile ? Etes-vous optimiste quant à votre avenir ?

Dans cette partie, nous allons voir que, quand il s'agit de Soi, les individus ne sont pas toujours objectifs, décontractés et dépassionnés. En fait, c'est presque toujours l'inverse : nous sommes fortement émotionnels et autoprotecteurs. Ainsi, passons-nous du fortement cognitif concept de Soi à l'*estime de Soi*, composante plus affective du Soi.

Nous ne réagissons évidemment pas sans passion à nos autoconceptions. Quand Kenrick, dans notre introduction, se décrit comme un médiocre joueur de guitare, il s'auto-évalue. Remarquons, par ailleurs, que sa liste est orientée positivement – il est d'abord un professeur, un chercheur, et un bon père et mari. Même « timide avec les étrangers » est immédiatement contrebalancé par « amical » (il n'est d'ailleurs pas sûr que « timide » soit un trait négatif). Nous avons déjà précisé que, pour certains chercheurs, les concepts de Soi se construisent à travers les interactions avec autrui. Ils sont nombreux à penser que nous effectuons également nos auto-évaluations à partir du même processus, et plus précisément en nous comparant avec autrui. Par exemple, les individus avec des professions à statut élevé tendent à avoir une forte estime de Soi (Bachman et O'Malley, 1977). Quand nous nous comparons à autrui, nous ne sommes pas complètement objectifs, et nous semblons souffrir d'*un biais d'autocomplaisance.* Plus précisément, nous avons tendance à estimer que nous sommes davantage responsables de nos succès que de nos échecs.

Tesser et Campbell ont trouvé que nous nous comparons généralement aux autres en utilisant des dimensions sur lesquelles nous sommes particulièrement compétents (Tesser, 1988). Vraisemblablement, notre recherche d'informations est motivée par le désir de maintenir une évaluation de Soi positive et quand notre estime de Soi est menacée, nous nous empressons de trouver quelqu'un de plus mauvais pour nous comparer à lui (Gibbons et McCoy, 1991). Il existe d'ailleurs de multiples données montrant que la plupart des individus essaient de maintenir une bonne image d'eux-mêmes. Voici quelques exemples issus de divers domaines de recherches : 90 % des hommes d'affaire s'estiment supérieurs à l'homme d'affaire moyen, 70 % des individus sortis de grandes écoles considèrent avoir des capacités de gestion au-dessus de la moyenne (seulement 2 % estiment être en dessous), 25 % des étudiants pensent qu'ils font partie des 1 % capables de diriger autrui, et 90 % des professeurs de lycées s'estiment supérieurs à leurs collègues (Blackburn,

Pellino, Boberg et O'Connell, 1980; French, 1968; Myers, 1987).

Ces quelques illustrations permettent de constater d'ores et déjà l'importance jouée par l'estime de Soi dans la vie d'un individu.

Dans la littérature psychologique, le concept d'estime de Soi regroupe ou est synonyme de plusieurs concepts: auto-évaluation, valeur de Soi, etc., mais c'est le terme d'estime de Soi qui est le plus couramment employé. Les individus ne développent pas seulement une description d'eux-mêmes dans des situations particulières, ils forment aussi des évaluations d'eux-mêmes. Parmi les chercheurs s'intéressant à l'estime de Soi, beaucoup font une distinction entre une estime de Soi qui serait une composante globale auto-évaluative du Soi et un concept de Soi qui serait un ensemble multidimensionnel de composantes autodescriptives, spécifiques à un domaine (Rosenberg, 1979). Cette distinction n'est pas universelle et de nombreux chercheurs –même parmi ceux qui distinguent ces termes à un niveau théorique– utilisent de façon interchangeable ces expressions. Cependant, en dépit du manque d'accord entre les théoriciens de l'estime de Soi, il existe au moins un point de convergence en ce qui concerne ce concept. Ils conçoivent tous l'estime de Soi comme une composante centrale du Soi (e.g., Greenwald, Bellezza et Banaji, 1988). Ainsi les perceptions de Soi fortement liées aux buts et valeurs des individus, c'est-à-dire celles qu'ils identifient comme personnellement plus importantes, influenceront fortement leur sentiment global de valeur de Soi (Pelham et Swann, 1989). Mais comment se comporte ce sentiment global de valeur de Soi: est-il temporellement stable ou fluctue-t-il par exemple avec les humeurs?

Stabilité et estime de Soi

Un certain nombre de théories considèrent que les individus possèdent un système destiné à maintenir un niveau d'estime de Soi globale suffisamment élevé pour les rendre capables de fonctionner efficacement dans leurs environnements (e.g., Greenwald, 1980; Tesser, 1988). Le plus souvent, cette estime de Soi globale est évaluée à l'aide de l'échelle de Rosenberg (1965). Cette échelle propose dix items: cinq correspondent à une forte estime de Soi (e.g., «je suis quelqu'un de bien, du moins aussi bien que n'importe qui», «je pense que j'ai un certain nombre de qualités») et cinq correspondent à une faible estime de Soi (e.g., «en fait, j'ai tendance à me dire que je ne vaux rien», «je me sens franchement inutile quelquefois»). Pour chaque item, le sujet doit se prononcer sur une échelle en quatre points (parfois cinq) allant de 1 «tout à fait d'accord» à 4 (ou 5) «tout à fait en désaccord». Pour les items correspondant à une forte estime de Soi, on relève les cinq scores. Pour les items correspondant à une faible estime de Soi, on recode les scores pour qu'ils correspondent à une mesure de forte estime de Soi. Par exemple, si un sujet s'est situé à 4 «tout à fait en désaccord» sur l'item «en fait, j'ai tendance à me dire que je ne vaux rien», cela signifierait qu'il est «tout à fait d'accord» pour dire qu'il vaut quelque chose, ce qui correspondrait à 1 sur une mesure de forte estime de Soi. On procède ainsi pour les cinq items de faible estime de Soi: «1» devient «4», «2» devient «3» et inversement. Après cette opération, on somme les dix scores relevés et on obtient ainsi le niveau d'estime de Soi du sujet. Le score doit alors se situer entre 10 (qui correspond à la plus forte estime de Soi possible) et 40 (qui correspond à la plus faible estime de Soi possible). Pour savoir si le sujet a une forte estime de soi, une faible estime de Soi ou une estime de Soi moyenne, il faut comparer les scores de nombreux individus. A partir des scores par exemple d'une centaine de personnes, on calcule les quartiles. Un quartile correspond à chacune des trois valeurs de la variable (ici l'estime de Soi) au-dessous desquelles se classent un quart, la moitié, les trois quarts des éléments (ici les scores des individus) d'une distribution statistique. En règle générale, la plupart des auteurs qui utilisent l'échelle de Rosenberg considèrent que:

– les individus dont les scores sont plus grands que le quartile supérieur ont une faible estime de Soi,

– les individus avec des scores situés entre le quartile inférieur et le quartile supérieur ont une estime de Soi moyenne,

et

– les individus avec des scores plus petits que le quartile inférieur ont une forte estime de Soi.

Le domaine où l'estime de Soi paraît exercer des effets particulièrement puissants concerne les réactions des individus aux renforcements, ou aux informations pertinentes pour leur Soi. Par exemple, il a été montré que les sujets à faible estime de Soi acceptent relativement plus facilement un renforcement négatif et moins facilement un renforcement positif que les sujets à forte estime de Soi (e.g., Swann, Griffin, Predmore et Gaines, 1987). Il a même été démontré (e.g., Campbell, 1990) que les individus à forte estime de Soi acceptent seulement l'information positive (ou consistante), alors que les sujets à faible estime de Soi sont affectés par l'ensemble des types d'information.

Les domaines valorisés forment la base d'un système autoprotecteur dont la fonction est de maintenir l'estime de Soi face à la menace. Un résultat des plus significatifs montre que les individus à faible estime de Soi sont plus aptes à expliquer des événements négatifs en utilisant des causes internes, s'estimant ainsi responsables de leurs échecs (e.g., Peterson et Seligman, 1984). Il est probable que plus les ressources au sein du système autoprotecteur sont abondantes et accessibles, plus il est facile de faire face à une menace envers Soi, et plus les niveaux chroniques d'estime de Soi sont élevés (Josephs, Larrick, Steele et Nisbett, 1992). Les résultats obtenus par Josephs et ses collaborateurs sur des tâches de prise de risque montrent que les personnes possédant peu de ressources pour maintenir leur estime de Soi ont des difficultés à combattre la menace exercée par une décision erronée et, dès lors, leur estime de Soi en subit les dommages. Pour l'ensemble de leurs expériences (Josephs *et al.*, 1992), les sujets étaient d'abord sélectionnés sur la base de leur estime de Soi à partir de l'échelle de Rosenberg (*cf. supra*). Seuls les individus à forte estime de Soi et les individus à faible estime de Soi étaient retenus. Dans la première recherche, l'expérimentateur annonçait aux sujets qu'ils allaient participer à une étude comportant un jeu d'argent où ils pourraient gagner jusqu'à cent dollars. Il proposait huit paires de mises dont le degré de risque et de gain variait. Chaque paire contenait une mise sans risque et une mise risquée. Les sujets devaient alors choisir l'une des mises pour chaque paire présentée. La moitié des paires proposées était constituée de mises positives, c'est-à-dire ne proposant que des gains (e.g., gain assuré de dix dollars contre 50 % de chance de gagner vingt dollars). L'autre moitié était composée de mises négatives, c'est-à-dire uniquement des pertes (e.g., perte assurée de dix dollars contre 50 % de chance de perdre vingt dollars). L'ordre de présentation des paires variait pour chaque sujet. Lorsque les sujets préféraient la mise risquée, aucun résultat quant à leur gain ou leur perte ne leur était donné avant la fin de l'expérience.

En ce qui concerne les mises positives, les résultats obtenus dans cette expérience montrent que les sujets à faible estime de Soi prennent significativement moins de risques que les sujets à forte estime de Soi. Autrement dit, pour chaque paire de mise positive, ils préféraient le gain plus faible mais assuré au gain plus élevé mais risqué. En revanche, le comportement de prise de risques des sujets à forte estime de Soi est plus important.

Pour les mises négatives, les sujets à faible et à forte estime de Soi ne diffèrent pas dans leur prise de risques. Dans ce cas, les sujets ne semblent d'ailleurs préférer aucune des options proposées, la moitié de leur choix portant sur la perte assurée, l'autre moitié sur la perte risquée.

De ces résultats, Josephs et ses collaborateurs ont déduit que les individus à faible estime de Soi se comportent de façon à se protéger de toute menace. Ainsi, les individus avec peu de ressources autoprotectrices doivent faire des choix minimisant la possibilité de regrets, ce, dans le but de protéger leur estime de Soi. Les individus à forte estime de Soi auraient au contraire des ressources autoprotectrices abondantes et facilement accessibles et pourraient donc plus facilement faire face à une menace. Une deuxième expérience (Josephs *et al.*, 1992, exp. 2) étaye d'ailleurs cette idée.

Dans cette recherche, identique à la première quant à la procédure, les auteurs vont en plus manipuler les attentes des sujets. A la moitié des sujets, il est dit qu'ils ne sauront jamais s'ils ont gagné ou perdu, alors qu'à l'autre moitié on annonce qu'ils connaîtront le résultat pour chacun de leur choix immédiatement après les avoir effectués.

Quand les sujets s'attendent à connaître leurs résultats, ceux à faible estime de Soi prennent moins de risques que ceux à forte estime de Soi. En revanche, lorsqu'ils savent qu'ils ne connaîtront pas les conséquences de leurs choix, les deux types de sujets prennent les mêmes risques. Pour les sujets à forte estime de Soi, la manipulation des attentes ne semble pas affecter leur prise de risques. Leurs résultats ne diffèrent en effet pas entre les deux conditions, ce qui prouverait selon Josephs et ses collaborateurs (1992) que les individus à forte estime de Soi possèdent de nombreuses ressources pour maintenir leur estime de Soi. Ainsi, en raison de l'abondance et de la grande accessibilité de leurs ressources autoprotectrices, ces individus pourraient envisager une décision risquée comme une opportunité pour un succès important plutôt que comme une menace envers leur estime de Soi.

D'une manière générale, les individus, qu'ils aient une forte ou une faible estime de Soi, essaient de maintenir ou rehausser leurs auto-évaluations. Lewicki (1983) suggère que cette tendance s'exprime notamment à travers des comparaisons sociales sélectives. Il montre, par exemple, que les individus choisissent de juger autrui sur des dimensions pertinentes pour eux. Ce choix accentue la probabilité pour le sujet d'être estimé comme étant supérieur à l'autre. Par ailleurs, plus une auto-estimation sur une certaine dimension est désirable, plus le sujet accorde d'importance à cette dimension dans la perception d'autrui – un phénomène référé à un biais d'image de Soi dans la perception des personnes. Ce résultat refléterait un mécanisme motivationnel classique de défense protégeant une auto-évaluation élevée (Lewicki, 1983; Roth, Snyder et Pace, 1986). Autrement dit, les sujets protègent les images de Soi fragiles en se persuadant que leurs caractéristiques positives sont importantes (c'est-à-dire en surestimant l'importance des auto-attributs positifs et en sous-estimant les auto-attributs indésirables). De même, plutôt que de dénier leurs performances, les individus changeront simplement l'interprétation de leur signification générale. Par exemple, un sujet limite la contribution à son auto-évaluation générale de sa déficience en mathématiques en diminuant l'importance de cette incapacité (Lewicki, 1984). Les individus peuvent également « s'autopositiver » en interprétant sélectivement les événements. Certaines recherches sur les biais de mémorisation montrent ainsi que les individus se rappellent sélectivement leurs succès et modifient leurs mémorisations pour supporter une conception de Soi positive (e.g., Greenwald, 1980; Ross et Conway, 1986). Tout porte à croire que les individus éprouvent la nécessité de s'évaluer positivement.

— La valorisation de Soi

Les individus biaisent positivement non seulement leur passé, mais aussi leur futur. Taylor et Brown (1988), dans une revue de la littérature, montrent que les individus maintiennent une perception de contrôle illusoire (e.g., Langer, 1975) et sont irréellement optimistes sur leur avenir (e.g., Weinstein, 1980). Similairement, Kunda (1987) démontre l'existence de biais d'autocomplaisance dans les processus inférentiels, biais qui faciliteraient cet optimisme irréaliste.

Par ailleurs, de nombreuses investigations montrent que les individus à forte estime de Soi et les individus à faible estime de Soi répondent différemment à une attribution d'échec (e.g., Taylor et Brown, 1988). En général, les individus à forte estime de Soi luttent activement contre l'échec, alors que les individus à faible estime de Soi ont plutôt tendance à l'accepter (Brown et Smart, 1991). Les résultats des expériences de Roth, Snyder et Pace (1986) indiquent que, sur des questionnaires d'autoprésentation, la tendance à s'attribuer des caractéristiques positives serait indépendante de la tendance à dénier la présence de caractéristiques négatives. Il apparaît en effet que la tendance à s'attribuer irréellement des caractéristiques positives est plus efficace pour maintenir un bien-être psychologique que la tendance à dénier irréellement des aspects négatifs (et probablement menaçants) du Soi. Quand il s'agit d'enregistrer des points pour l'estime, une bonne offensive vaudrait mieux qu'une bonne défense.

Il existe maintenant quantité de données prouvant que les individus ont tendance à maintenir des vues positives d'eux-mêmes non réalistes (pour plus de détails voir, Taylor et Brown, 1988). La motivation à maintenir une vue positive de Soi est envisagée comme universellement vraie par les psychologues (Greenwald, 1980; Steele, 1988), et ce, depuis James (1890). Une généralisation empirique raisonnable des recherches sur l'estime de Soi serait de dire que les individus, particulièrement ceux à forte estime de Soi, essaient autant que possible de « s'autofavoriser ». Cette tendance entraîne la présence d'un biais d'autocomplaisance persistant. Des expériences avec des sujets américains montrent qu'ils accordent beaucoup de crédit à leurs succès, donnent une explication satisfaisante à leurs échecs, et de diverses manières essaient de se valoriser (e.g., Gilovich, 1983). Pour maintenir son estime de Soi, l'individu doit impérativement se considérer comme différent d'autrui et meilleur que lui.

Cette perception de Soi, souvent présentée comme universelle, serait en fait assez spécifique de certains éléments de la culture occidentale. Dans une série de recherches récentes, rapportées par Markus et Kitayama (1991), et conduites au Japon avec des collégiens japonais, aucun biais d'autovalorisation n'a pu être mis en évidence dans la comparaison sociale. En fait, il se produit simplement l'inverse, un fort biais d'auto-effacement.

Instabilité et estime de Soi

La littérature sur l'estime de Soi considère massivement cette composante affective du Soi comme étant essentiellement stable. Quelques études alimentent toutefois l'idée d'une certaine instabilité de l'estime de Soi à défaut de pouvoir parler de réelle malléabilité comme dans le cas du concept de Soi. Bylsma et ses collaborateurs (1992) se sont intéressés aux conceptions de Soi évaluatives, c'est-à-dire des autoconceptions reflétant le degré avec lequel les individus se caractérisent comme étant positifs ou négatifs. Ces cognitions évaluatives sur Soi, comparées souvent à l'estime de Soi (Baumeister, Hutton et Tice, 1989), seraient à la fois chroniques ou stables et sujettes à des variations situationnelles. Ainsi, le *Soi de travail* (Markus et Kunda, 1986) devrait aussi refléter les changements temporaires quant aux auto-évaluations des individus. Bylsma, Tomaka, Luhtanen, Crocker et Major (1992) supposent que le fait de se décrire positivement ou négativement est fortement dépendant des sentiments immédiats de valeur de Soi de l'individu, autrement dit fortement dépendant de l'estime de Soi du sujet. Pour tester cette hypothèse, ils ont mené une recherche sur les jugements auto-évaluatifs. Dans ce but, la tâche utilisée était une tâche de décision lexicale portant sur des associations de mots par paires, destinée à évaluer les changements temporaires dans les auto-évaluations. Lors d'une première phase, les sujets de cette expérience recevaient un renforcement positif, négatif, ou aucun renforcement de la part d'un autre étudiant en réalité fictif. Ce renforcement portait sur l'impression que les sujets étaient censés avoir donné à cet autre étudiant. Dans cette première phase de l'expérience, l'expérimentateur annonçait ainsi individuellement à chaque sujet que la recherche portait sur le développement des relations amicales et sur la façon dont les traits de personnalité influencent l'impression que se font les individus d'autrui. Il expliquait ensuite qu'un autre étudiant participait aussi à l'expérience et qu'il attendait dans la pièce adjacente. On précisait alors aux sujets qu'ils allaient devoir échanger des informations écrites avec l'autre étudiant (fictif) afin que chacun puisse se faire une impression de l'autre. A la fin de cette phase, chaque sujet recevait le résultat de l'impression qu'il était censé avoir donné à son partenaire. Dans la condition de renforcement positif, le sujet recevait une feuille où les réponses données par le partenaire indiquaient que ce dernier appréciait le sujet. Dans la condition de renforcement négatif, les réponses du partenaire suggéraient plutôt qu'il n'avait pas une impression favorable du sujet. Dans la condition sans renforcement, les sujets ne recevaient aucun feed-back évaluatif. On présentait ensuite à l'ensemble des sujets une série de mots appartenant à des catégories en rapport à Soi, à des catégories d'objet (*i.e.*, la maison), ou à des catégories de personnes (*i.e.*, un individu autre que le Soi). Chacun de ces mots était immédiatement suivi par un adjectif descriptif. Les adjectifs utilisés comprenaient des traits personnologiques non évaluatifs (neutres) (e.g., affamé, assoiffé, somnolent), des traits personnologiques positifs (e.g., compétent, méritant, émouvant), des traits personnologiques négatifs (e.g., indigne, incompétent, impopulaire) et des traits descriptifs d'objet (une maison) (e.g., spacieuse, chère, coloniale). Les premiers mots utilisés, appelés amorces, étaient « moi-même » pour activer les autoconceptions, « Carson » (Johnny Carson est aux Etats-Unis un célèbre animateur d'émission de variétés) pour activer les conceptions d'une personne autre que Soi, « maison » pour activer une conception d'objet. Les sujets devaient dire si le second mot de la paire proposée pouvait toujours décrire le premier mot (l'amorce). Pour chaque type de paires amorce/catégorie d'adjectifs (e.g., moi-même/positif, Carson/neutre), on enregistrait la latence de réponse qui s'écoulait entre la présentation du deuxième mot de la paire et la réponse du sujet. Par exemple, le sujet voyait d'abord le mot-amorce « moi-même » puis le mot « compétent », il devait alors juger le plus rapidement possible si l'adjectif « compétent » le décrivait et son temps de réponse était enregistré. Puis un autre mot-amorce apparaissait, par exemple « Carson », suivi d'un adjectif « assoiffé » et le sujet jugeait si ce trait décrivait Carson, etc.

Les auteurs prédisaient que, par rapport à la condition sans renforcement, les latences de réponse des sujets à des paires positives en rapport à Soi (e.g., moi-même/méritant) seraient plus courtes après un renforcement positif mais plus longues après un renforcement négatif. A l'inverse, les latences de réponse pour des paires négatives en rapport à Soi (e.g., moi-même/incompétent) devaient être plus courtes après un renforcement négatif et plus longues après un renforcement positif, toujours par rapport à la condition sans renforcement. Aucune attente n'était formulée sur les latences de réponse pour des paires neutres pour Soi. En fait, les auteurs supposaient qu'une expérience d'échec (le sujet n'a pas fait une bonne impression à son partenaire) renforcerait temporairement l'association entre Soi et des conceptions négatives, alors qu'une expérience positive (l'autre étudiant apprécie le sujet) accentuerait temporairement la connexion entre Soi et des conceptions positives. L'amorce « Carson » était utilisée pour vérifier que le renforcement évaluatif ne se généralisait pas aux descriptions de personnes autres que le Soi. L'amorce « maison » était utilisée pour s'assurer que le renforcement n'exerçait pas un effet général sur le temps de réponse.

Les résultats de cette expérience de Bylsma et ses collaborateurs (1992) suggèrent que la variabilité des auto-évaluations situationnelles peut être appréhendée par les latences de réponse nécessaires à l'émission de jugements sur Soi. Comme attendu, ces auteurs obtiennent, avec une tâche de décision lexicale, des latences de réponse pour des jugements positifs significativement plus courtes après un renforcement positif qu'après un renforcement négatif. Les latences de réponse pour les jugements sur Soi par rapport à des adjectifs neutres ne diffèrent pas en fonction de la nature du renforcement. En revanche, contre toute attente, les latences pour émettre des jugements négatifs sur Soi ne varient pas significativement en fonction du renforcement. Dans cette expérience, seules les latences de réponse pour des jugements sur Soi positifs reflètent des changements dans les auto-évaluations des individus, changements résultant d'une expérience sociale. Il semble donc que seules les conceptions de Soi positives soient sensibles aux renforcements évaluatifs. Est-ce vraiment le cas ?

— Les conceptions de Soi positives sont-elles les seules à pouvoir être modifiées ?

Il existe plusieurs réponses théoriques à cette question.

* Premièrement, les individus sont différemment disposés à rendre des jugements évaluatifs sur les dimensions positives et négatives. Autrement dit, ils ne sont pas aussi enclins à formuler des jugements négatifs que des jugements positifs. Gaertner et McLaughlin (1983) rapportent des résultats similaires dans des expériences sur les stéréotypes raciaux. Utilisant une tâche de décision lexicale similaire à celle de Bylsma *et al.* (1992), ils trouvent que les sujets répondent significativement plus vite quand les adjectifs positifs sont amorcés avec BLANCS plutôt qu'avec NOIRS. En revanche, les latences de réponse des sujets pour les adjectifs négatifs amorcés avec NOIRS ou BLANCS ne diffèrent pas. Des résultats identiques ont également été rapportés après usage d'échelles d'estimations positives et négatives (Gaertner et McLaughlin, 1983). Néanmoins, l'ensemble de ces résultats démontre la généralité de cet effet et suggère que les représentations positives de Soi et d'autrui sont plus plastiques et sujettes à révision que les représentations négatives. Les individus sont peut-être disposés à s'évaluer et à évaluer autrui plus ou moins positivement mais sont peu disposés à le faire en termes explicitement négatifs. Autrement dit, on peut penser ne pas être très intelligent sans pour autant se percevoir comme étant stupide. Une explication possible pour rendre compte du fait que les conceptions de Soi positives sont plus facilement altérées serait de considérer qu'elles sont tout simplement les plus nombreuses et les plus accessibles.

* Deuxièmement, il est possible qu'à la suite de certaines expériences les individus se sentent moins positifs mais pas nécessairement plus négatifs, ou vice versa. Par exemple, un élève qui s'estime attentif en cours peut parfois se faire réprimander par son enseignant pour avoir bavardé avec son voisin. Il pourra alors se considérer comme moins attentif sans pour autant se juger totalement inattentif. Une telle perspec-

tive implique que les influences situationnelles entraînent des auto-évaluations positives et négatives relativement indépendantes les unes des autres. Bylsma *et al.* (1992) n'envisagent pas en effet qu'une expérience aussi bénigne que le renforcement évaluatif utilisé dans leur expérience puisse provoquer de fortes réactions négatives. Le sujet se sentira simplement moins confiant sur certaines de ses auto-conceptions positives.

En résumé, que peut-on conclure à propos de l'estime de Soi, composante affective du Soi ? Les résultats présentés montrent qu'après une expérience sociale positive ou négative, la composante affective du Soi de travail d'un individu peut provoquer des modifications au sein des conceptions de Soi positives mais peu au sein des conceptions de Soi négatives.

Il semble toutefois, comme nous allons le voir, que les effets d'une attribution de valeur, quelle qu'elle soit, puissent différer en fonction des gens.

Forte estime de Soi et faible estime de Soi

Si, en général, les individus acceptent mieux les renforcements positifs que les renforcements négatifs, il existe cependant des différences interindividuelles. Ainsi les individus ayant une faible estime de Soi acceptent relativement mieux un renforcement négatif que les individus ayant une forte estime de Soi. Campbell (1990) a mené une série d'expériences illustrant un certain nombre de différences entre les individus à forte et à faible estime de Soi. Pour participer à ses expériences, les individus étaient d'abord sélectionnés en fonction de leur niveau d'estime de Soi. Seuls les sujets à forte estime de Soi et les sujets à faible estime de Soi étaient retenus. Dans la première recherche, l'expérimentateur présentait aux sujets un ensemble de quinze paires d'adjectifs. Chaque paire était constituée d'adjectifs antonymes (e.g., dominé/dominant, compétitif/coopératif, indépendant/dépendant), chaque adjectif étant présenté à un pôle d'une échelle en sept points. Les sujets devaient d'abord indiquer comment ils s'estimaient sur chaque paire. Ils devaient ensuite estimer la confiance ou la certitude qu'ils avaient en leur premier jugement sur une échelle en cinq points allant de « pas du tout confiant » à « très confiant ».

Les résultats obtenus sur les estimations des adjectifs bipolaires montrent que les individus à faible estime de Soi donnent des réponses plus proches du milieu de l'échelle et moins de réponses extrêmes que les individus à forte estime de Soi. En ce qui concerne les jugements de confiance, les individus à faible estime de Soi sont moins confiants que les sujets à forte estime de Soi. Campbell en déduit que ces sujets qui manquent de confiance et de clarté dans la définition de leurs attributs devraient manifester davantage de changement à travers le temps.

Dans une deuxième expérience, Campbell (1990) va tester cette hypothèse d'une stabilité temporelle moins importante dans les autodescriptions des individus à faible estime de Soi. Lors d'une première phase, l'expérimentateur présentait vingt adjectifs aux sujets : dix adjectifs étaient positifs (e.g., intelligent, confiant, amical) et dix adjectifs étaient négatifs (e.g., froid, arrogant, ennuyeux). Les sujets devaient estimer si ces adjectifs correspondaient à la façon dont ils se comportaient généralement dans leurs interactions sociales en se prononçant sur une échelle en sept points allant de « pas du tout descriptif de moi » à « très descriptif de moi ». Puis les sujets revenaient huit à neuf semaines plus tard pour participer à la seconde phase. Ils devaient évaluer de nouveau les mêmes adjectifs que lors de la première session expérimentale.

Campbell s'intéressait à quatre mesures de la stabilité temporelle calculées de la manière suivante :

(a) la différence absolue entre chacune des deux sessions pour chacune des vingt estimations ; cette mesure permettait d'appréhender l'amplitude du changement entre les deux phases ;

(b) le score de différence ajustée, basé sur la somme de changement possible en fonction de la première estimation (e.g., une estimation initiale de 1 ou de 7 permettait un changement maximum de 6 points, alors qu'une estimation initiale de 4 ne permettait qu'un changement maximum de 3 points) ;

(c) le nombre d'adjectifs pour lesquels un changement avait été enregistré entre les deux sessions

et

(d) le coefficient de corrélation par sujet entre les deux ensembles d'estimation, qui permettait d'évaluer le degré avec lequel les traits avaient été rangés de façon identique sur les deux occasions.

Pour ces quatre mesures de stabilité, par rapport aux sujets à forte estime de Soi, les sujets à faible estime de Soi ont présenté un changement absolu et un changement ajusté plus important, de même qu'un plus grand nombre d'adjectifs pour lesquels l'estimation avait changé et de plus petites corrélations entre les deux ensembles d'estimations. Ces résultats, selon Campbell, montrent que les concepts de Soi des sujets à forte estime sont beaucoup plus stables dans le temps que ceux des sujets à faible estime.

Les données enregistrées dans ces deux expériences permettent de constater qu'une haute estime de Soi est associée, dans l'estimation de traits spécifiques, à une plus grande confiance, à des réponses plus extrêmes, à une meilleure consistance interne, et à une plus importante stabilité temporelle. De tels résultats sont d'ailleurs corroborés par d'autres recherches (e.g., Baumeister *et al.*, 1989 ; Josephs *et al.* 1992) qui montrent également que les individus à estime de Soi élevée ont tendance à se présenter d'une façon valorisante, se caractérisent par une inclination à accepter les risques, à s'accorder beaucoup d'attention, et à se centrer sur la mise en évidence de leurs qualités. En revanche, les individus à faible estime de Soi ont tendance à se présenter d'une façon autoprotectrice, se caractérisent par une inclination à éviter les risques, à se centrer sur l'évitement de la mise en évidence de leurs défauts, et hésitent à se prêter attention. L'origine de la plupart de ces différences a un rapport avec la certitude avec laquelle ces deux types d'individus se définissent. Les individus à estime de Soi élevée ont tendance à se sentir sûrs des attributs qui les définissent alors que les individus à faible estime de Soi manquent de précision dans leur connaissance de Soi (Baumgardner, 1990; Setterlund et Niedenthal, 1993). Cette certitude vis-à-vis de ce qu'ils sont a une importante conséquence sur la stabilité/instabilité de leur Soi. Fort logiquement, les individus qui ont une forte estime de Soi, c'est-à-dire des individus sûrs de leur connaissance de Soi, présentent une plus grande stabilité du Soi alors que les individus à faible estime de Soi, incertains sur ce qui les caractérise, ont un Soi beaucoup plus instable.

En conclusion, il apparaît que la stabilité/instabilité de la composante affective du Soi dépend, pour une part non négligeable, de la certitude que les individus possèdent sur ce qu'ils sont (e.g., Banaji et Prentice, 1994; Woike et Baumgardner, 1993). En d'autres termes, plus cette composante est puissante – estime de Soi forte –, plus elle est stable et insensible aux variables situationnelles; moins cette composante affective est forte – estime de Soi faible –, plus elle est instable, donc sensible aux caractéristiques situationnelles.

Explorons maintenant la dernière composante du Soi, la composante comportementale, qui se manifeste par l'intermédiaire de l'activité d'autoprésentation.

La présentation de Soi: la composante comportementale

Activités autoprésentationnelles

Paul se prépare soigneusement pour un important entretien de recrutement. Il répète ce qu'il dira sur son expérience professionnelle passée. Il se coiffe correctement et réfléchit à la façon dont il va se vêtir et se demande si une veste ne lui donnerait pas un style plus sérieux. Il achète une nouvelle serviette pour porter ses papiers et fait en sorte d'arriver en avance pour son rendez-vous. Quand il rencontre son interlocuteur, Paul se rappelle qu'il doit donner une poignée de main virile et sourire plaisamment. Pendant l'entretien, il essaie d'avoir l'air attentif et de répondre aux questions avec réflexion. En bref, il fait des efforts importants pour se présenter comme une personne énergique, compétente qui sera efficace pour ce travail.

Les efforts que nous faisons pour contrôler l'impression que nous allons donner correspondent à une activité d'autoprésentation. Le but fondamental de la présentation de Soi est de structurer notre interaction afin d'obtenir le résultat escompté. Pour Paul, l'objectif est d'obtenir le travail proposé. La plupart du temps nous voulons que les individus nous perçoivent positivement, c'est-à-dire comme une personne intéressante, amicale, intelligente, plaisante. Mais, parfois, nous nous efforçons de transmettre d'autres images (Baumeister et Hutton, 1987). Ainsi, à l'école, le « cancre » préférera se présenter comme dur et intimidant. A d'autres moments, notre but sera de minimiser une mauvaise impression en trouvant, par exemple, une excuse plausible pour être arriver en retard à un examen.

L'autoprésentation est souvent une activité délibérée. Dans son entretien, Paul est conscient de son désir de se présenter comme un travailleur acharné et compétent. En revanche, dans des situations familières, les activités autoprésentationnelles peuvent devenir automatiques, donc inconscientes (Baumeister *et al.*, 1989). Avec ses amis, Paul se présentera généralement comme un garçon sympathique et drôle qui ne prend pas le travail trop au sérieux. Quand l'autoprésentation dans une circonstance particulière devient une activité routinière, les individus ne devront pas penser énormément à l'impression qu'ils vont donner et ainsi pourront-ils centrer leur attention sur d'autres aspects de la situation.

— Quand nous nous présentons, sommes-nous nous-mêmes ou jouons-nous un rôle ?

Le sociologue Erving Goffman (1959) penchait pour la deuxième solution. Il comparait l'autoprésentation au fait de jouer un rôle. Comme les acteurs, nous prêtons souvent une attention spéciale aux apparences, à la façon de nous habiller et aussi à nos manières. Quand nous nous habillons pour une soirée, ou pour nous présenter à un travail, nous contrôlons nos apparences dans le but de transmettre l'image désirée. Nous avons parfois recours à des accessoires pour soutenir notre autoprésentation. Servir le bon vin, conduire une belle voiture sont des illustrations où les individus utilisent des objets physiques pour transmettre une impression particulière. Une autre caractéristique de l'autoprésentation est la répétition. Avant un événement important, nous allons penser à ce que nous dirons et ferons, mentalement nous essaierons diverses approches.

Un aspect important de l'autoprésentation est de connaître son public. Pour un adolescent soucieux de la mode, les vêtements et les styles de coiffure qui sont populaires auprès de ses pairs seront considérés comme étant sans goût et bizarres par des individus plus âgés. La capacité à « prendre le rôle de l'autre », à anticiper la façon dont autrui percevra et réagira à nos actions, est essentielle pour donner une impression satisfaisante. Ainsi, un des défis de l'interaction sociale est d'être capable de changer notre comportement d'une situation à l'autre, en fonction de nos buts autoprésentationnels et de la nature de l'audience (e.g., Donahue, Robins, Roberts et John, 1993).

D'un point de vue plus théorique, il est possible de faire une distinction entre les aspects internes et externes de la personnalité. Certains chercheurs ont cherché à savoir si certains résultats sur le *biais d'autocomplaisance* ne seraient pas dus à un biais dans la présentation de Soi. Le Soi interne ou privé aurait peut-être une auto-évaluation réaliste mais le Soi public serait tenté par une bonne présentation. Pour tester cela, Greenwald et Breckler (1985) ont comparé les auto-estimations que les individus pensaient faire en public avec celles que les individus concevaient en tout anonymat. Etonnamment, les résultats montrent que nos opinions privées sur nous-mêmes sont aussi flatteuses que celles que nous exprimons en public. Dans beaucoup de cas même, l'humilité publique est de mise et nous nous flattons davantage en privé (Schlenker et Miller, 1985).

— L'autoprésentation : une activité fondamentale

Cette introduction à la notion d'autoprésentation permet déjà de constater l'influence fondamentale qu'elle exerce sur le comportement. Certains auteurs ont donc essayé de modéliser cette composante comportementale du Soi. Comme nous l'avons montré, les recherches sur les composantes cognitive – le concept de Soi – et affective – l'estime de Soi – du Soi permettent de défendre une conception du Soi comme étant plutôt stable ou plutôt instable voire malléable. Il en va de même pour les recherches sur sa composante comportementale, l'autoprésentation. Cependant, l'autoprésentation ne peut être étudiée qu'en relation avec d'autres éléments. La stabilité ou la malléabilité de l'autoprésentation n'a donc de sens que par rapport aux types d'éléments auxquels on la relie. C'est pourquoi nous allons aborder cette problématique de la stabilité/malléabilité de la composante comportementale du Soi en abordant successivement ses relations avec l'auto-évaluation, les croyances sur Soi et la performance.

Autoprésentation, auto-évaluation et croyances sur Soi

Les recherches qui ont directement examiné l'impact de l'activité d'autoprésentation sur le Soi sont relativement peu nombreuses (e.g., Jones, Rhodewalt, Berglas et Skelton, 1981 ; Rhodewalt et Agustsdottir, 1986). Elles s'avèrent néanmoins précieuses. Elles ont en effet permis de mettre en évidence que les autoprésentations peuvent affecter les auto-évaluations subséquentes. Elles produisent donc des changements dans les auto-évaluations globales qu'une personne porte sur elle-même. De plus, ces changements sont robustes, ils ont lieu dans diverses situations, et ils sont plus importants lorsque les autoprésentations se déroulent dans des conditions de forte responsabilité personnelle ou lorsque le comportement des individus est approuvé. De telles constatations paraissent alimenter davantage l'hypothèse de la malléabilité de la composante comportementale du Soi que celle de la stabilité. Toutefois, un certain nombre d'auteurs considèrent que les autoprésentations sont relativement durables et stables lorsqu'elles sont rattachées à de fortes croyances sur Soi, bien définies sur des dimensions spécifiques (Markus et Sentis, 1982). Par exemple, Markus (1977) montre que les individus ayant de fortes croyances sur Soi sont plus résistants à un feed-back incongruent avec ces croyances et sont moins influencés par des renforcements sur des dimensions proches de leurs fortes croyances que ne le sont les individus ayant de faibles croyances sur Soi.

De même, Schlenker et Trudeau (1990) ont mis en évidence un certain nombre d'effets des autoprésentations sur les croyances sur Soi. Dans leur expérience, lors d'un prétest, les auteurs évaluaient les auto-estimations, la consistance comportementale perçue, et les zones d'acceptation et de rejet des sujets sur le trait « indépendant ». Pour cela, les sujets devaient estimer quel point de l'échelle les caractérisait le mieux par rapport à ce trait, sur une échelle en onze points allant de « exceptionnellement en dessous de la moyenne » à « exceptionnellement au-dessus de la moyenne ». Les sujets devaient placer un astérisque (*) sur le point de l'échelle qui les décrivait le mieux, placer un plus (+) sur tous les points qu'ils pouvaient accepter comme étant descriptifs d'eux, et placer un moins (-) sur tous les points qu'ils ne pouvaient pas accepter comme les décrivant. Les deux dernières marques définissaient respectivement les zones d'acceptation et de rejet. Les sujets devaient également estimer si c'était bien ou mal : de posséder un tel trait, d'être exceptionnellement en dessous de la moyenne sur ce trait, et d'être exceptionnellement au-dessus de la moyenne sur ce trait. Enfin, les sujets évaluaient leur consistance comportementale sur ce trait (« vous comportez-vous souvent d'une façon qui correspond à la position que vous avez entourée comme vous décrivant le mieux ? »). La force d'une croyance sur soi sur une dimension spécifique est définie par la consistance comportementale sur cette dimension. Cette dernière mesure permettait donc d'appréhender la force des croyances sur Soi sur la dimension de l'indépendance. Sur la base de leurs réponses à cette question, les sujets étaient catégorisés comme présentant de fortes croyances sur Soi ou comme possédant de faibles croyances sur Soi sur cette dimension.

Une semaine plus tard, les sujets étaient convoqués de nouveau pour participer soi-disant à une nouvelle expérience qui était, en fait, la suite de la première phase. L'expérimentateur leur demandait de participer à un projet différent conduit par un autre membre de l'université : un entretien simulé qui devait donner à des étudiants en communication l'opportunité de tester leurs aptitudes à interroger quelqu'un. Sous le prétexte de fournir à ces étudiants un plus large panel d'expériences, les sujets devaient se présenter lors de l'entretien soit comme plus indépendants soit comme moins indépendants que leur position préférée. Cette consigne les conduisait à se trouver, pour la moitié d'entre eux, dans une condition d'autoprésentation positive, et, pour l'autre moitié, dans une condition d'autoprésentation négative. Ils étaient dans une condition d'autoprésentation positive lorsqu'ils étaient conduits à jouer un rôle correspondant au point le plus extrême de leur zone d'acceptation (e.g., quelqu'un dont la zone d'acceptation se situait vers une forte indépendance et qui devait se montrer plus indépendant que normalement) et dans une condition d'autoprésentation négative lorsqu'ils étaient contraints de jouer un rôle correspondant au point le plus extrême de leur zone de rejet (e.g., quelqu'un dont la zone de rejet se situait vers une faible indépendance et qui devait se montrer moins indépendant que normalement). L'entretien auquel participaient alors les sujets était composé de quatre parties : (a) des réponses à choix multiples sur des situations hypothétiques en rapport avec l'indépendance (e.g., « si vous avez un problème, est-il plus probable que vous essayiez de le résoudre par vous-même ou que vous demandiez conseil à d'autres personnes ? »), (b) l'allocation de cent points entre deux adjectifs, et ce, pour chacune des douze paires proposées, indiquant à quel point chaque trait était autodescriptif (e.g., pour la paire « franc-réservé », franc : 80, réservé : 20 indiquait que le sujet s'estimait plus franc que réservé) ; les traits de chaque paire étaient équivalents quant à leur désirabilité sociale mais différaient sur l'indépendance ; (c) des auto-évaluations sur sept traits (e.g., autonome) ; et (d) l'estimation en pourcentage de son indépendance par rapport aux autres étudiants de l'université (e.g., je suis à 80 % indépendant des autres étudiants). Avec ces quatre types de mesure, les auteurs pouvaient contrôler si les sujets avaient correctement joué leur rôle, ce qui fut effectivement le cas.

Après cet entretien, les sujets remplissaient un questionnaire permettant d'évaluer l'effet des autoprésentations qu'ils venaient d'effectuer sur leurs estimations d'indépendance. Ils devaient ainsi émettre une évaluation de leur indépendance sur une échelle bipolaire (indépendant/dépendant) en quinze points. Les auteurs calculaient la différence entre l'évaluation faite par les sujets à cette mesure et celle enregistrée lors du pré-test. Ces scores de différence correspondaient au changement provoqué par les inductions expérimentales. Dans ce questionnaire, les sujets devaient également estimer leur responsabilité personnelle pour leurs comportements durant l'entretien (sur une échelle en sept points), évaluer l'aspect positif de leurs comportements durant l'entretien (serviable-malfaisant, bénéfique-nuisible, et important-sans importance ; sur une échelle en onze points), et estimer le caractère justifiable de leurs comportements durant l'entretien (sur une échelle en onze points).

Les données issues de cette expérience ont permis de mettre en évidence que la force des croyances sur Soi sur la dimension de l'indépendance a un impact important sur la façon dont les individus changent leurs auto-estimations. Seuls les sujets présentant de fortes croyances sur Soi (c'est-à-dire ayant estimé qu'ils se comportent souvent d'une façon qui correspond à la position qu'ils ont entourée comme les décrivant le mieux) et en condition d'autoprésentation positive sont influencés par le rôle qu'ils ont joué. Autrement dit, ils sont influencés par les comportements qu'ils ont dû adopter pendant l'entretien, comportements se situant dans leur zone d'acceptation. Ils évaluent ainsi ces comportements plus positivement, pensent qu'ils sont plus justifiables, endossent une responsabilité personnelle plus importante que ne le font les sujets possédant de fortes croyances sur Soi mais en condition d'autoprésentation négative. Ils changent également leurs auto-estimations subséquentes sur l'indépendance dans une proportion acceptable, c'est-à-dire que les auto-estimations restent toujours dans la zone d'acceptation. En revanche, les sujets qui possèdent de fortes croyances sur Soi mais qui étaient dans la condition d'autoprésentation négative rejettent les comportements adoptés pour les besoins de leur rôle, c'est-à-dire correspondant à leur zone de rejet, en endossant moins de responsabilité personnelle pour eux, en les évaluant moins positivement, et en les considérant comme moins justifiables que ne le font leurs homologues de la condition d'autoprésentation positive. De plus, ces comportements fortement contradictoires avec les croyances sur Soi des sujets sur l'indépendance n'ont aucun effet sur leurs auto-estimations subséquentes sur cette dimension.

En revanche, les sujets présentant de faibles croyances sur Soi qui étaient en condition d'autoprésentation négative (c'est-à-dire qui avaient dû adopter des comportements correspondant à leur zone de rejet) changent davantage leurs auto-estimations subséquentes que les sujets présentant de faibles croyances sur Soi qui étaient en condition d'autoprésentation positive. Toutefois, ces deux types de sujets considèrent leurs comportements comme également justifiables, quelle que soit la condition d'autoprésentation.

Schlenker et Trudeau (1990) ont donc montré dans cette expérience que les présentations de Soi en contradiction extrême avec des croyances très fortes que l'on possède sur Soi ne produisent pas de changement de ces croyances. Seules des présentations de Soi qui ne sont qu'en légère contradiction avec les croyances fortes que l'on a sur Soi entraînent des changements de ces croyances dans le sens de la présentation de Soi. En revanche, de faibles croyances sur

Soi sont davantage influencées par des comportements d'autoprésentation qui leur sont fortement contradictoires. Les croyances sur Soi les plus faibles sont en effet, selon ces auteurs, moins accessibles en mémoire, donc moins saillantes pour guider le comportement du sujet dans une situation. Les sujets à faibles croyances sur ce qu'ils sont ont dès lors moins de difficultés à changer leurs auto-évaluations dans le but de s'aligner sur un comportement contradictoire.

Cette expérience permet d'alimenter l'hypothèse d'une assez grande stabilité des fortes croyances sur Soi. Seules les présentations de Soi qui ne sont qu'en légère contradiction avec de fortes croyances sur Soi, c'est-à-dire pouvant être toutefois justifiées comme représentatives de Soi, produisent des changements correspondants et proportionnels dans les auto-évaluations (Schlenker et Trudeau, 1990). Mais toutes les données issues de recherches portant sur la relation entre autoprésentation et croyance sur Soi ne corroborent pas cette analyse.

— Une forte croyance sur Soi est-elle toujours associée à une présentation de Soi stable ?

Une expérience de Schlenker, Dlugolecki et Doherty (1994) alimente plutôt l'hypothèse d'une certaine malléabilité de la composante comportementale du Soi. Le but de ces auteurs était de savoir si le fait de devoir se présenter publiquement d'une certaine façon était susceptible d'influencer un comportement subséquent. On demandait ainsi à certains sujets, dans le cadre (fictif) d'une recherche sur l'évaluation de la personnalité, de se présenter comme fortement sociables à une personne qui était censée les interroger ensuite sur différents aspects de leur personnalité (condition autoprésentation). D'autres sujets n'anticipaient pas cette interrogation (condition sans présentation). Puis l'ensemble des sujets devait répondre à un questionnaire sur la sociabilité. Après avoir rempli le questionnaire, les sujets étaient invités à attendre dans une autre salle où ils avaient la possibilité d'avoir une interaction avec une autre personne (en fait un compère de l'expérimentateur). Cette interaction était filmée et son enregistrement était ensuite analysé par deux juges – deux collaborateurs de l'expérimentateur – sur les dimensions suivantes :

– le temps écoulé avant que le sujet ne prenne la parole,

– le nombre de verbalisations du sujet durant l'interaction,

– le temps total que le sujet avait passé à parler durant l'interaction.

Les résultats obtenus par Schlenker et ses collaborateurs montrent que les sujets de la condition autoprésentation s'estiment plus sociables que les sujets qui n'ont pas eu à se présenter. Autrement dit, le fait d'avoir dû se présenter comme étant fortement sociables a conduit les sujets de la condition autoprésentation à s'estimer par la suite plus sociables. De plus, ces sujets mettent moins de temps avant de prendre la parole pour la première fois, parlent plus longtemps et plus souvent que les sujets de la condition sans présentation. On constate ainsi que les individus changent leurs auto-évaluations dans la direction de leurs propres comportements présentés publiquement. Un tel résultat souligne le pouvoir des autoprésentations stratégiques sur la formation des auto-évaluations des acteurs. Ces données mettent aussi en évidence un report du comportement d'autoprésentation à une situation nouvelle impliquant un nouveau public : les sujets qui se sont présentés comme très sociables durant l'entretien agissent plus tard de façon plus sociable. L'autoprésentation n'affecte pas seulement les croyances du sujet sur lui-même, elle a également un impact important sur son comportement durant son interaction avec un nouveau compère différent de celui devant lequel les sujets avaient dû se montrer sociables.

Nous venons de rapporter deux expériences, celle de Schlenker et Trudeau (1990) et celle de Schlenker, Dlugolecki et Doherty (1994), qui apparemment proposent deux versions différentes de la relation entre autoprésentation et croyance sur Soi. La première nous montre que seules les présentations de Soi en légère contradiction avec de fortes croyances sur Soi, et pouvant être justifiées comme représentatives de Soi, produisent des changements correspondants et proportionnels dans les auto-évaluations. La deuxième, en revanche, met en évidence que non seulement l'autoprésentation affecte les croyances du sujet sur lui-même, mais qu'elle a aussi un impact important sur le comportement du sujet dans une situation et avec un public différents. Il est cependant possible de concilier les résultats de ces deux recherches. Le Soi peut, en effet, probablement, être correctement représenté par un centre relativement solide de fortes croyances sur Soi et une périphérie plus fluide de croyances sur Soi plus faibles, plus dépendantes de la situation.

Le débat sur la stabilité/malléabilité de la composante comportementale du Soi s'est également trouvé alimenté par des expériences portant sur les relations que peut avoir cette composante avec la performance d'une part et les feed-backs d'autre part.

Autoprésentation et performance : quelles relations ?

Un certain nombre de distinctions peuvent, certes, être faites sur les éléments motivationnels impliqués dans la performance, mais ils ont un point commun : ils impliquent tous le Soi, et plus spécifiquement, les pensées sur ce qui est possible pour Soi dans le futur. Ruvolo et Markus (1992) suggèrent que les représentations spécifiques sur ce qui est possible pour Soi comprennent et suscitent des sentiments généralisés d'efficacité, de compétence, de contrôle ou d'optimisme, et fournissent les moyens nécessaires aux éléments motivationnels d'avoir de puissants impacts sur le comportement. Markus et Nurius (1986) nomment ces représentations spécifiques « les *Soi possibles* » et les définissent comme les éléments du Soi représentant ce que les individus pourraient, voudraient, ou ont peur de devenir. Les Soi possibles sont des représentations spécifiques de Soi dans des états futurs. Ces pensées, images ou sentiments concernant soi-même dans des états finaux et dans des états intermédiaires, fonctionnent comme des ressources motivationnelles pouvant à la fois organiser et stimuler le comportement futur d'une personne (Oyserman et Markus, 1990).

Dans sa théorie de *l'efficacité personnelle*, Bandura (1986) analyse l'action en termes de mécanismes en rapport avec le Soi. Il démontre le pouvoir qu'ont les croyances d'un individu sur sa capacité actuelle d'explication de ses performances. Il prouve, par exemple, que plus l'efficacité personnelle que s'attribue un sujet est forte, plus celui-ci exercera d'efforts, et plus il persistera dans une tâche donnée. Similairement, Carver, Blaney et Scheier (1979) montrent que des attentes de résultats positifs pour une tâche donnée sont associées à une persistance accrue et une meilleure performance sur cette tâche.

Ces résultats conduisent à se poser la question suivante : quelle est la nature de l'interface entre le système du Soi et la performance ? Autrement dit, qu'est-ce qui peut conduire un individu à améliorer sa performance lorsqu'il se croit efficace dans un domaine ? Ruvolo et Markus (1992) répondent : ses « Soi possibles » positifs. Ces auteurs suggèrent en effet que les « Soi possibles » sont les éléments du système du Soi les plus impliqués dans une performance. Mais comment ?

— Concept de Soi de travail et performance : présentation de deux expériences sur les effets des Soi possibles

Ruvolo et Markus (1992) affirment, comme un grand nombre d'autres chercheurs sur le Soi (e.g., Epstein, 1973 ; Greenwald, 1980), que chaque individu a un large répertoire de représentations de Soi. L'univers des représentations de Soi inclut les bons Soi, les mauvais Soi, les Soi passés, les Soi idéaux, les Soi espérés, et, très important, les Soi possibles à la fois espérés et craints. Elles ajoutent que le concept de Soi accessible et fonctionnel à un moment particulier – le concept de Soi de travail – est une sous-classe intégrée de toutes les représentations de Soi accessibles. Ainsi, la façon dont le concept de Soi de travail régule le comportement dépend de son contenu au moment de la préparation et de l'initiation de la performance. Un concept de Soi de travail constitué de nombreux Soi possibles positifs, et de peu de représentations de Soi négatives, peut améliorer la performance de diverses façons. En revanche, un Soi de travail contenant des Soi largement négatifs ou craints, ou des Soi possibles positifs peu accessibles, aurait une influence plutôt néfaste sur les performances des sujets.

Ruvolo et Markus (1992), dans une série de recherches, ont pour but d'examiner la relation entre les modifications dans le contenu du concept de Soi de travail et la performance subséquente. Dans leur première expérience, et dans une première phase, le contenu du concept de Soi est manipulé par différentes conditions d'imagerie : on demande ainsi aux sujets d'imaginer divers scénarios les impliquant. De plus, cette expérience est décomposée en deux parties, chacune mesurant la performance d'une façon différente. La recherche A recourt à une tâche de persistance pour évaluer la performance alors que la recherche B s'intéresse à l'effort comme mesure de la performance. Ces deux parties comprennent les mêmes conditions expérimentales, au nombre de trois. Les sujets des deux premières conditions doivent s'imaginer dans le futur et écrire ce qu'ils imaginent. Mais ceux de la première condition doivent s'imaginer en situation de réussite dans le futur parce qu'ils auront travaillé dur alors que ceux de la seconde condition doivent s'imaginer en échec dans le futur et responsables de leur échec. Enfin, les sujets de la dernière condition reçoivent une induction d'humeur positive : ils lisent un texte sur le soleil et les étoiles et reçoivent un paquet de bonbons.

Dans la deuxième phase de l'expérience, chaque sujet complète une tâche de difficulté moyenne, qui est soit une tâche de persistance (recherche A), soit une tâche d'effort (recherche B). Dans la tâche de persistance, on demande aux sujets de copier des nombres en utilisant leur main non dominante, et ce, jusqu'à ce qu'ils soient fatigués. On enregistre la somme de temps allouée à cette tâche. Pour la tâche d'effort, on présente aux sujets deux pages constituées de lignes de cinq groupes de vingt lettres. Les sujets ont quatre minutes pour passer en revue ces lettres et entourer chaque « e » contenu dans ces groupes de lettres. Le score de chaque sujet est alors calculé à partir du nombre de « e » correctement identifiés et du nombre de « e » manquants.

On peut attendre que le Soi de travail des sujets en condition d'imagerie de succès soit surtout composé de Soi possibles positifs en rapport avec le succès, récupérés dans leur propre stock de connaissances sur Soi, ou construits sur le tas en réponse aux instructions. Au contraire, pour les sujets de la condition d'échec, les Soi possibles positifs en rapport avec le succès devraient être moins accessibles alors que les Soi possibles négatifs en rapport avec l'échec devraient devenir plus accessibles. Les auteurs envisagent dès lors que les sujets qui s'imaginent réussir auront de meilleures performances que les sujets qui s'imaginent échouer. Le groupe de contrôle avec induction d'humeur positive est introduit pour examiner si la supériorité de la performance du groupe à imagerie de réussite ne pourrait pas être due à des sentiments positifs qui accompagneraient la réussite imaginée, ou si cette amélioration de performance ne pourrait pas être aussi reliée à l'activation d'images spécifiques positives de Soi dans le futur.

Une seconde expérience (Ruvolo et Markus, 1992) examine si le fait d'envisager un avenir positif ou négatif pour soi-même accentue l'accessibilité de Soi possibles spécifiques en rapport avec le succès ou l'échec. Dans cette recherche, l'accessibilité des Soi possibles est évaluée immédiatement après un engagement des sujets dans des manipulations d'imagerie identiques à celles utilisées dans l'expérience précédemment décrite. Une série de termes en rapport avec le succès ou l'échec est montrée, via un ordinateur, aux sujets qui doivent décider pour chaque trait s'il est « possible pour moi » ou « impossible pour moi ». La latence pour chaque réponse est enregistrée. Une latence courte pour un jugement « possible pour moi » indique qu'une image ou une conception de Soi congruente avec le terme à envisager est accessible dans le concept de Soi de travail de l'individu. Une latence courte pour un jugement « impossible pour moi » indique qu'une image ou conception de Soi congruente avec le terme à envisager n'est pas rapidement accessible dans le concept de Soi de travail.

— Résultats et analyse : est-il bénéfique d'envisager son avenir positivement ?

De ces expériences, et conformément à l'hypothèse de Ruvolo et Markus (1992), il ressort que les sujets s'imaginant en situation de réussite dans l'avenir réalisent une meilleure performance que ceux s'imaginant en échec dans le futur. Par ailleurs, ceux qui s'imaginent en réussite dans le futur et effectuant la tâche avec succès s'attribuent rapidement de nombreux Soi possibles positifs en rapport avec le succès et rejettent rapidement les Soi possibles négatifs en rapport avec l'échec.

On peut donc dire que, pour ces sujets, immédiatement avant la réalisation de la tâche, des images et conceptions de possibilités positives (e.g., réussite, pouvoir élevé, admiration) sont hautement accessibles, alors que des images et conceptions de possibilités négatives (e.g., échec, absence de motivation, solitude) sont relativement inaccessibles. Les sujets qui s'imaginent travaillant très dur pour accomplir leur propre succès ont des Soi de travail remplis d'autoreprésentations très positives et orientées vers l'avenir. Au contraire, pour ceux qui ont imaginé l'échec, les Soi possibles positifs en rapport avec la réussite sont moins accessibles (ces sujets mettent plus de temps pour s'attribuer des possibilités positives de réussir et d'être admiré) alors que les Soi possibles négatifs en rapport avec l'échec sont plus accessibles (ces sujets mettent plus de temps à rejeter des possibilités négatives d'être un perdant, en échec et non motivé). De plus, comme ils devaient s'imaginer responsables de leur échec, ils n'envisagent pas la possibilité de résultats positifs.

Ces résultats suggèrent que, pour améliorer ses performances, il est préférable d'envisager son avenir positivement que de l'envisager négativement. Cependant, pour Ruvolo et Markus (1992), le contenu du répertoire de possibilités des sujets de l'expérience n'a pas changé ; c'est l'accessibilité de certaines conceptions de Soi dans le Soi de travail qui évolue. En fait, seules certaines conceptions de Soi deviennent plus accessibles dans le Soi de travail alors que dans le même temps d'autres deviennent moins accessibles. Par exemple, les résultats enregistrés chez les sujets s'imaginant en échec dans le futur s'expliquent par une non-activation au sein du Soi de travail des images et des conceptions positives. Ce sont les images et les conceptions de Soi négatives qui, à la place, deviennent les plus accessibles.

Ces résultats suggèrent également que les représentations de Soi semblent impliquées de façon importante dans la motivation et la performance (pour une revue de question, voir Banaji et Prentice, 1994). Mais ils montrent surtout que seuls les concepts de Soi de travail ont un lien avec la performance, et non les conceptions de Soi centrales. Dès lors, et comme nous avons pu le constater pour les composantes cognitive et affective du Soi, les éléments centraux de la composante comportementale du Soi dans leur relation à la performance ne sont pas malléables. Seuls les Soi de travail se modifient pour affecter la performance.

Conclusion : pouvons-nous affirmer que, pour les trois composantes du Soi, les conceptions de Soi centrales sont stables alors que les conceptions de Soi plus périphériques sont malléables ?

Les résultats obtenus dans les travaux sur le rôle du Soi dans une performance semblent aller dans le même sens que ceux relevés dans les expériences sur l'estime de Soi. Dans ces deux types de recherche, seuls les concepts de Soi de travail sont affectés par les conditions sociales sous lesquelles les sujets évoluent. Ces dernières ne suscitent donc que des modifications temporaires des conceptions de Soi. On peut dès lors légitimement supposer que le concept de Soi ne serait que superficiellement instable, c'est-à-dire seules les conceptions de Soi périphériques seraient sensibles aux variations situationnelles. Cela impliquerait que les conceptions de Soi centrales ne sont jamais modifiées. C'est pourquoi nous avons voulu vérifier qu'aucune recherche n'avait mis en évidence une modification de ces conceptions centrales.

Quand le contexte est fortement prégnant

Or, il semble bien que, contrairement aux résultats évoqués précédemment, une expérience de Lepper, Ross et Lau (1986) montre que les conceptions de Soi centrales sont susceptibles d'être affectées par des variables situationnelles. Ces auteurs trouvent en effet que des étudiants ayant formé une évaluation initiale de leurs capacités sur la base d'une performance antérieure persisteront dans leurs auto-évaluations, et ce, même si on leur fournit la preuve évidente que la performance en question n'était pas le reflet exact de leurs aptitudes. Cette expérience était présentée aux sujets comme étant une évaluation, par le département de mathématiques de l'université, de différentes techniques de résolution de problèmes de raisonnement mathématique. L'expérimentateur annonçait aux sujets qu'ils allaient voir un film présentant une méthode qu'ils devraient utiliser par la suite pour résoudre une série de problèmes. Le film présenté comprenait une méthode soit fortement instructive sur la façon dont on peut résoudre des problèmes complexes en utilisant une matrice simple (condition de réussite), soit totalement inefficace pour aider à résoudre ce type de problèmes (condition d'échec). Puis l'ensemble des sujets essayaient de résoudre une série de problèmes. Avant de procéder à une quelconque mesure, la moitié des sujets de la condition de réussite et la moitié des sujets de la condition d'échec étaient informés de l'existence des deux films et ils constataient par eux-mêmes en visionnant l'autre film que l'un était parfaitement adapté à la tâche de résolution de problèmes et l'autre pas du tout. La moitié des sujets de la condition d'échec prenait alors conscience du caractère défavorable de leur situation en raison d'un matériel inadapté pendant que la moitié des sujets de la condition de réussite constatait leur situation très privilégiée. L'ensemble de ces sujets pouvait dès lors relativiser leurs performances, qu'elles soient fortes (pour les sujets de la condition de réussite) ou faibles (pour les sujets de la condition d'échec). L'autre moitié des sujets de chaque condition ne voyait pas l'autre film et ne recevait aucune autre information susceptible de les aider à comprendre que leur performance dans la résolution des problèmes précédents était davantage dépendante de la situation que de leurs propres capacités.

Tous les sujets devaient ensuite répondre à une série de questions où on leur demandait : d'estimer leur future performance probable à une tâche comprenant dix problèmes de difficulté comparable, d'évaluer l'efficacité des techniques qui leur avaient été présentées, et d'estimer leur propre capacité, par comparaison à leurs pairs, à « résoudre ce type de problèmes », à « faire des puzzles », à « faire des déductions logiques ». Des questions similaires étaient de nouveau posées aux sujets trois semaines plus tard.

Les résultats enregistrés dans cette expérience montrent que les sujets de la condition de réussite informés de l'existence de deux films différents ont estimé la méthode présentée dans leur film comme étant nettement supérieure à celle proposée dans l'autre film. Les sujets de la condition d'échec et informés de l'existence de deux films différents ont fait une estimation inverse en considérant leur méthode comme moins appropriée que l'autre. Pourtant, les sujets de la condition d'échec, qu'ils aient été ou non informés de l'inéquité des situations de résolution, prédisent des performances futures plus faibles pour eux-mêmes que pour les sujets de la condition « réussite ». Autrement dit, bien que les sujets en général, et les sujets en échec en particulier, reconnaissent l'impact exercé par les premières instructions sur leurs performances, ils ne montrent pas d'ajustement correspondant de leurs croyances quant à leurs propres capacités, cela même lors de mesures en post-test différé de trois semaines. Le recours au concept de Soi de travail pour expliquer ces résultats est dès lors à exclure. De plus, les sujets qui ont initialement réussi après avoir reçu d'excellentes consignes continuent de se voir comme étant fortement compétents alors que les sujets ayant échoué initialement après avoir reçu des consignes inadéquates continuent de se voir comme étant incompétents. Selon Lepper et ses collaborateurs (1986), ces résultats démontrent la persévérance de la croyance en ses propres capacités dans des contextes éducatifs. Rappelons, en effet, que les sujets de cette expérience croient participer à une expérience pour le département de mathématiques, où l'on évalue des méthodes de résolution à partir de leurs performances. Si de nombreuses expériences ont montré les effets du contexte scolaire en général sur la réalisation de performances, elles ont surtout montré que c'est sur la dimension des mathématiques que l'effet est le plus fort (voir Monteil et Huguet, 1993). Les sujets de l'expérience de Lepper et ses collaborateurs sont donc dans une situation d'évaluation de leurs capacités de raisonnement sur une dimension fortement valorisée scolairement. Rien d'étonnant de constater alors que, à la fois pour les conditions de succès et d'échec, les auto-évaluations subséquentes des sujets demeurent lourdement influencées par leurs résultats initiaux, même quand ils ont été exposés à une preuve concrète destinée à rendre saillante une interprétation alternative plausible de leurs performances.

Ces résultats portent à croire que la malléabilité du Soi, sous certaines circonstances situationnelles, ne serait pas seulement due à une activation momentanée de certaines conceptions de Soi rendues saillantes au sein d'un Soi de travail. En fait, on peut considérer que si effectivement le Soi a bien été sensible aux renforcements délivrés, les modifications entraînées semblent s'être installées durablement.

Quant à l'ignorance (ou le rejet) par les individus des informations sur leurs comportements qui divergent avec les leurs, des résultats de Wyer et Martin (1986), montrant la très bonne mémorisation des informations contradictoires avec les attentes du sujet, prouvent que l'idée d'un filtrage éliminant ces informations est erronée. Ces informations sont bel et bien codées, elles sont même traitées de façon particulièrement approfondies. « S'il se trouve que, dans certains contextes de rappel, le sujet n'en manifeste pas le souvenir, cela ne peut pas être interprété comme un oubli, mais comme une difficulté d'accessibilité, difficulté qui doit pouvoir être levée en jouant précisément sur le contexte. » (De La Haye, 1989, p. 602.) Est-ce seulement le contexte dans lequel les sujets réalisent les tâches qui peut expliquer la mise en évidence de résultats contradictoires avec l'ensemble des données enregistrées dans la recherche sur le Soi ?

Comment peut-on expliquer l'existence de résultats contradictoires ?

Il semble qu'on puisse questionner les recherches sur le Soi quant à leur conception de ce qu'est le « social ». Nous pouvons relever, en effet, un certain nombre de résultats contradictoires dans les expériences sur la malléabilité du concept de Soi. Il apparaît clairement une absence de convergence sur le rôle précis exercé par des renforcements sur les conceptions de Soi. Pour certains (Bylsma *et al.*, 1992 ; Gaertner et McLaughlin, 1983), comme nous l'avons présenté, seules les conceptions de Soi positives pourraient être modifiées, et ce, quel que soit le type de renforcements. Pour d'autres (Neimeyer et Rareshide, 1991), seuls des renforcements incongruents susciteraient des changements des conceptions de Soi. Neimeyer et Rareshide (1991) supposent que le rappel en mémoire varie en fonction du type de souvenir rappelé. Plus précisément, les souvenirs fluctuent en fonction de leur congruence ou de leur incongruence avec les conceptions de Soi existantes. Un souvenir est congruent lorsqu'il est consistant avec sa propre perception de Soi, alors qu'il est incongruent s'il réfère à un incident inconsistant avec sa propre image de Soi. Dans leur expérience, Neimeyer et Rareshide constatent un plus grand changement dans les perceptions de Soi lorsque les individus sont dans des conditions de rappel de souvenirs incongruents par rapport à des conditions de rappel de souvenirs congruents. Le rappel de souvenirs congruents corrobore en effet simplement les perceptions de Soi existantes, alors que le rappel de souvenirs incongruents les affecte, entraînant un changement plus important de ces perceptions de Soi. Pour d'autres encore (Schlenker et Trudeau, 1990), seuls des renforcements faiblement incongruents entraîneraient une modification des autoconceptions. Rappelons que des présentations de Soi extrêmement contradictoires avec de fortes croyances sur Soi ne produisent pas de changement correspondant de ces croyances. Seules les présentations de Soi légèrement contradictoires avec de fortes croyances sur Soi, et pouvant être justifiées comme représentatives de Soi, entraînent des changements correspondants et proportionnels dans les auto-évaluations.

Cette diversité des résultats ne permet pas de conclure de façon satisfaisante sur la malléabilité du Soi face aux renforcements, aucun élément empirique irréfutable ne permettant de déterminer quelles parties du Soi (conceptions de Soi centrales ou concept de Soi de travail) s'avèrent sujettes à modification. Une telle constatation n'est pas surprenante. Les études portant sur le degré de malléabilité du Soi, et donc prenant en compte des variables sociales, ne le font que dans une perspective résolument binaire, le modèle explicatif des résultats obtenus étant un modèle sujet-objet. Le social n'est appréhendé ici que comme une source de variation extrinsèque susceptible de moduler temporairement des conceptions de Soi périphériques.

Pourtant des travaux récents confortent une conception plus « sociocognitive » du rôle joué par le social dans le fonctionnement humain en général (pour une revue, voir Monteil et Huguet, 1993) et à l'égard du Soi en particulier (Monteil, 1993). Pour cet auteur, il serait utile de tenir compte des effets des insertions sociales et de l'histoire du sujet sur les structures et l'organisation des conceptions de Soi. D'ailleurs, un certain nombre de recherches permettent de justifier la nécessaire prise en considération du rôle des régulations sociales dans l'étude du concept de Soi (Martinot, 1993; Martinot et Monteil, 1995b).

Épilogue

Quand vous vous regardez dans un miroir que voyez-vous? Voyez-vous un Soi ou plusieurs? Voyez-vous une personne avec un concept de Soi stable et durable ou avec une identité qui semble changer d'une fois sur l'autre ? Voyez-vous une personne qui évalue ses forces et ses faiblesses avec un œil objectif, ou qui s'isole efficacement des réalités déplaisantes par des mécanismes d'autodéfense ? Et voyez-vous une personne qui a un Soi interne, caché, qui est différent de l'image donnée aux autres ?

A partir des éléments présentés dans ce chapitre, la réponse à ces questions semble toujours être la même : le Soi a toutes ces caractéristiques. Il y a une centaine d'années, William James (1890) disait que le Soi n'est pas simple mais complexe et qu'il présente de multiples facettes. En nous basant sur les recherches et théories actuelles, nous pouvons maintenant apprécier la justesse du point de vue de James. Certes, il existe une partie du concept de Soi, composante cognitive du Soi, qui nous semble accessible seulement par l'intermédiaire de l'introspection, et elle est stable et durable. Mais il existe aussi une partie du concept de Soi qui change en fonction des personnes qui nous entourent et de l'information provenant d'autrui. Si on considère l'estime de Soi, composante affective du Soi, il y a des moments où nous nous centrons assez sur nous-mêmes pour devenir pleinement conscients de nos défauts ; il existe aussi des moments où nous nous observons avec des cognitions biaisées, des stratégies de comparaisons sociales descendantes. Enfin, il reste la façon de s'autoprésenter, qui réfère à la composante comportementale du Soi. Il est évident que nous avons tous un Soi privé constitué par nos pensées et par nos sentiments les plus propres, nos souvenirs, et schémas de Soi. Mais il est également clair que nous avons aussi un Soi extérieur, façonné par les rôles que nous jouons et « les masques » que nous portons en public.

En résumé, la recherche sur le Soi en a étudié les composantes cognitive (concept de Soi), affective (estime de Soi) et comportementale (présentation de Soi) :

Le concept de Soi : comment les individus décident de ce qu'ils sont. Les feed-back des autres individus, l'attention prêtée aux caractéristiques qui distinguent d'autrui, et les rôles sociaux semblent tous jouer un rôle dans le concept de Soi.

L'estime de Soi : comment les individus s'évaluent sur la base de leurs autoconceptions. Les individus montrent généralement un biais d'autocomplaisance dans leurs évaluations, et préfèrent se comparer à autrui sur des dimensions où ils sont tout particulièrement doués.

La présentation de Soi : les efforts que nous faisons pour contrôler l'impression que nous allons donner. Il semble que les individus pratiquent une humilité publique tout en s'autovalorisant en privé.

POUR EN SAVOIR PLUS

Le concept de Soi : la composante cognitive

Greenwald, A.-G. (1992). « L'ego totalitaire ou comment chacun fabrique et révise sa propre histoire ». In M. Piolat, M.-C. Hurtig, et M.-F. Pichevin (Eds.). *Le Soi : Recherches dans le champ de la cognition sociale. Textes de base en psychologie*, p. 37-76, Neuchâtel : Delachaux et Niestlé.

Markus, H.-R. (1992). « Self-schemas et traitement de l'information sur soi ». In M. Piolat, M.-C. Hurtig, et M.-F. Pichevin (Eds.). *Le Soi : Recherches dans le champ de la cognition sociale. Textes de base en psychologie*, p. 77-112. Neuchâtel : Delachaux et Niestlé.

Pelham, B. W. (1991). « On confidence and consequence : The certainty and importance of self-knowledge ». *Journal of Personality and Social Psychology*, 60, p. 518-530.

Piolat, M. (1989). « Estimation du changement propre et focalisation sur soi : l'influence du cadre de référence temporel ». *Revue internationale de psychologie sociale*, 2, p. 185-192.

L'estime de Soi : la composante affective

Banaji, M. R. et Prentice, D. A. (1994). « The self in social contexts ». *Annual Review of Psychology*, 45, p. 297-332.

Bylsma, W. H., Tomaka, J., Luhtanen, R., Crocker, J. et Major, B. (1992). « Response latency as an index of temporary self-evaluation ». *Personality and Social Psychology Bulletin*, 18, p. 60-67.

Greenwald, A. G. (1992). « L'ego totalitaire ou comment chacun fabrique et révise sa propre histoire ». In M. Piolat, M.-C. Hurtig et M.-F. Pichevin (Eds.). *Le Soi : Recherches dans le champ de la cognition sociale. Textes de base en psychologie*, p. 37-76. Neuchâtel : Delachaux et Niestlé..

La présentation de Soi : la composante comportementale

Baumeister, R. G., Tice, D. M. et Hutton, D. G. (1989). « Self-presentational motivations and personality differences in self-esteem ». *Journal of Personality*, 57, p. 547-579.

Chapitre 3

Le Soi dans le traitement de l'information

Il est important de rappeler que l'approche du traitement de l'information n'est pas la seule souhaitable pour l'étude du Soi. C'est néanmoins celle que nous avons choisie d'exploiter pour présenter les tendances récentes de la recherche sur le Soi. L'approche du traitement de l'information a, en effet, au moins deux avantages :

– elle est spécifiquement conçue pour répondre aux questions sur les structures et sur les processus mentaux,

– bien que des controverses théoriques vigoureuses persistent, un degré de consensus élevé entoure les procédures et les principaux résultats expérimentaux.

Dans cette perspective, le Soi a été récemment étudié dans des recherches portant sur la mémoire (Greenwald et Banaji, 1989), la profondeur de traitement (Rogers, Kuiper et Kirker, 1977), les processus mentaux inconscients (Bargh, 1982), et les schémas cognitifs (Markus, 1977). Ainsi, de nombreux modèles s'intéressent à la nature des représentations cognitives du Soi (Greenwald et Pratkanis, 1984; Kihlstrom et Cantor, 1984). Fondé sur une approche en termes de réseaux associatifs en mémoire, le modèle de Bower et Gilligan (1979) conçoit l'information comme stockée sous forme de propositions reliant le Soi à des épisodes spécifiques et à une information générale sur Soi. D'autres modèles considèrent le concept de Soi comme une structure de catégories hiérarchiques dont les éléments sont des traits, valeurs et mémorisations de comportements spécifiques (Rogers, 1981) ou comme un espace de pensée multidimensionnel (Greenwald et Pratkanis, 1984; Hoelter, 1985). Inspiré de la perspective théorique de Tversky (1977), un autre modèle suggère que le Soi est représenté par un ensemble de traits où les jugements en rapport à Soi sont basés sur un appariement entre les traits autodescriptifs et les traits pertinents de l'objet avec lequel le Soi est comparé (*cf.* Holyoak et Gordon, 1983; Srull et Gaelick, 1983). Le Soi est également envisagé comme un système de schémas ou de généralisations sur Soi contenant des informations spécifiques sur les expériences passées et les caractéristiques de la personne (*cf.* Markus, 1977). Plus récemment, la recherche sur le Soi a, dans une perspective cognitive, commencé à explorer ses aspects dynamiques. En d'autres termes, certains auteurs se sont intéressés à la façon dont les processus cognitifs sous-tendant le fonctionnement du Soi interagissent avec la motivation pour générer des comportements (e.g., Markus et Nurius, 1986).

Tous ces modèles cognitifs du Soi partagent l'idée que le Soi est une structure de connaissance. Les approches cognitives du Soi affirment en effet que le Soi peut être conceptualisé comme un système de structures de connaissance élaborées. Ce système traite l'information en rapport avec le Soi dans tous types de situations, dirige et régule nos comportements actuels (e.g., Markus, 1977). Un examen plus détaillé des recherches s'inscrivant dans ces approches permet de fournir un soutien empirique à cette métaphore du Soi comme « structure cognitive ». C'est ce que nous constaterons en présentant le rôle du Soi en mémoire, dans le traitement de l'information sur autrui, et en terminant avec les schémas de Soi.

Le Soi en mémoire

La littérature sur le *concept de Soi* révèle une longue tradition d'appréhension du Soi et de la mémoire comme deux faces d'une même pièce (Kihlstrom, Cantor, Albright, Chew, Klein et Niedenthal, 1988). Ces recherches sur le Soi et la mémoire sont d'ailleurs le meilleur argument empirique pour introduire l'étude du Soi dans la sphère de la science expérimentale. Trois conceptions sous-tendent les interprétations des données obtenues: 1) le Soi est une structure cognitive unique possédant des propriétés mnémoniques spécifiques; 2) le Soi est construit sur le modèle des autres structures de connaissance mais possède des propriétés favorisant la mémorisation; 3) aucune structure différente n'est associée au Soi: les effets mnémoniques qui lui sont attribués sont aisément interprétables comme on le ferait avec d'autres structures et processus. Pour déterminer quelle conception mérite le plus de crédit, nous allons examiner les recherches ayant trait au Soi en mémoire.

Le Soi organisé sous forme de réseau associatif

Les tenants des modèles de réseaux associatifs (Anderson, 1982; Bower et Gilligan, 1979) affirment que la connaissance peut être représentée par des « nœuds » (en fait: des concepts) dans le réseau global en mémoire d'un individu. Tous les nœuds sont connectés directement ou indirectement. Ils sont associés selon des formes variables en fonction de la force que peut avoir le lien entre deux concepts (déterminée par la récence et la fréquence de l'activation de ce lien) et du nombre de liens qui peuvent émaner d'un nœud particulier (voir figure 2). L'enclenchement de l'activation stimule le rappel et la reconnaissance en mémoire. Ainsi, quand un nœud donné est activé, la stimulation se propage à partir de ce nœud le long de tous les liens associés. Il en va de même pour le concept de Soi qui est constitué d'un ensemble de nœuds directement associés avec le nœud-Soi. Les traits les plus centraux, c'est-à-dire ceux qui caractérisent le mieux le Soi, sont les plus rapidement activés. Dans notre exemple, si le Soi est activé, les traits « timide », « amical », « sincère », « séduisant » et « blond » seront le plus rapidement activés par la diffusion de l'activation car ce sont les traits les plus centraux.

Le plus rudimentaire de ces modèles inspirés du courant associationniste représente le Soi par un simple nœud lié à d'autres nœuds symbolisant les connaissances sur soi-même qui ont été encodées sous la forme de propositions (Bower et Gilligan, 1979). Certaines de ces propositions formées par l'association entre les nœuds sont de nature sémantique et représentent le lexique mental des connaissances génériques sur Soi («timide», «séduisant», «ne lie pas facilement connaissance», «hésite à prendre la parole en public», «ne cherche à tromper personne», «plaît beaucoup aux filles», etc.), alors que d'autres propositions sont de nature épisodique et forment l'enregistrement de la *mémoire autobiographique* («a avoué à son amie qu'il l'avait trompée»). Si on suppose que l'excitation s'étend à partir des liens d'un nœud activé aux nœuds qui lui sont connectés, ainsi activés à leur tour (e.g., Anderson, 1983), ces modèles impliquent que le fait d'émettre un jugement en rapport à Soi sur un trait doit conduire à l'activation de comportements auxquels ce trait-concept est lié. Par exemple, le jugement d'autodescription d'un sujet sur le fait qu'il est ou n'est pas amical active le nœud «Soi», et la stimulation s'étend au nœud-trait «amical» et aux comportements en rapport au trait («sait accueillir chaleureusement», *cf.* figure 2). Si on demande alors au sujet de récupérer un comportement où il est amical, il doit être capable de faire cette récupération rapidement, de tels comportements ayant déjà été activés en mémoire (e.g., Klein et Loftus, 1990, 1993). Plus la distance est courte entre deux nœuds, plus la force de leur association est importante. L'individu qui présenterait le réseau de notre exemple dirait plus rapidement qu'il est timide et introverti qu'introverti et jeune. Le nœud «timide» est en effet directement relié au nœud «introverti» alors que ce dernier n'est relié qu'indirectement au nœud «jeune»; dans ce dernier cas, il est nécessaire de passer par le nœud «timide» puis le nœud «Soi» et enfin le nœud «séduisant» pour accéder du nœud «introverti» au nœud «jeune».

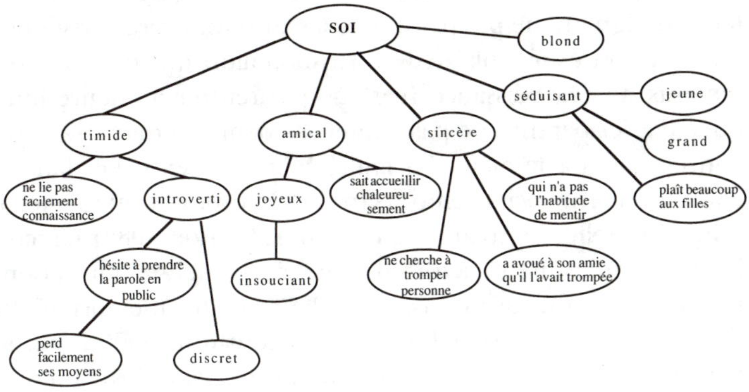

Figure 2: *Représentation du concept de Soi dans un réseau associatif*

— Quelle validité peut-on porter à cette conception ?

Le problème posé par cette conception du Soi dans un modèle de réseau associatif est qu'elle le dépeint comme unitaire et monolithique et la connaissance sur Soi comme d'accès immédiat. Or tous les théoriciens de la structure du Soi (e.g., Markus et Wurf, 1987) ne considèrent pas toute la connaissance sur Soi comme immédiatement accessible (voir ci-après le paragraphe sur les schémas de Soi). Par ailleurs, le fait d'attribuer au Soi une propriété d'unicité peut exclure la possibilité de multiples concepts de Soi (e.g., Kihlstrom *et al.*, 1988). Kihlstrom et ses collaborateurs considèrent que le Soi n'est pas une structure cognitive nécessairement unique. Ainsi, serait-il abusif de supposer que les individus codent en mémoire (ou « encodent ») de la connaissance sur la malléabilité de leur propre comportement sous la forme d'une hiérarchie de concepts de Soi spécifiques aux contextes, chacun représentant la connaissance de soi-même dans différentes classes de situations (e.g., concept de Soi académique ou scolaire, concept de Soi sportif, concept de Soi familial, etc.) ? Un enfant peut parfaitement se décrire comme obéissant dans le cadre scolaire et comme désobéissant dans le cadre familial.

Les comportements illustratifs de l'obéissance (e.g., bien écouter l'enseignant, ne pas parler en classe) seront caractéristiques du concept de soi scolaire de cet enfant alors que des comportements de désobéissance (e.g., ne pas rentrer à l'heure indiquée par les parents, ne pas ranger sa chambre) définiront son concept de soi familial. La malléabilité contextuelle dans le comportement social semble être la règle plutôt que l'exception. Une telle approche (Kihlstrom et Cantor, 1984) conçoit le Soi comme une structure de catégories hiérarchiques dont les éléments sont des traits, des valeurs et des mémorisations de comportements spécifiques. Pour Kihlstrom et Cantor, le concept de Soi est défini par les nœuds qui sont plus ou moins directement liés au nœud qui représente le Soi. Ces auteurs considèrent que la force des liens entre le concept de Soi et les attributs qui lui sont associés varie en fonction de la centralité de l'attribut. Des associations fortes se différencient d'associations faibles par le fait que l'activation s'enclenche beaucoup plus facilement le long de liens associatifs forts que le long de liens faibles (peut-être même s'enclencherait-elle automatiquement dans le cas de connexions très fortes). Ainsi, dans le processus de jugement sur Soi, seuls les nœuds fortement et directement associés au concept de Soi sont automatiquement activés, alors que les autres exigent, pour devenir actifs, au moins certains traitements attentionnels.

Mais les travaux sur le Soi en mémoire ne portent pas uniquement sur l'organisation du Soi en mémoire, ils s'intéressent aussi aux caractéristiques de l'information encodée et traitée en référence à Soi. On ne saurait dès lors négliger l'important domaine de recherches portant sur l'« effet de référence à Soi ».

L'effet de référence à Soi

Qu'est-ce qu'un effet de référence à Soi ?

Quand on considère l'étendue de la *mémoire autobiographique*, il n'est pas déraisonnable d'envisager le Soi comme l'une des structures les plus élaborées et les plus riches parmi celles qui sont stockées en mémoire. Certains auteurs (e.g., Rogers, Rogers et Kuiper, 1979) ont même considéré le Soi comme un système de *prototypes* cognitifs. Un prototype, ou un élément exemplaire d'une catégorie, est une abstraction cognitive qui indique quels sont les éléments qui peuvent être classés de façon optimale comme autant de membres de la catégorie. Par exemple, si la conception de Soi d'une personne contient une autocatégorisation particulière (e.g., introverti), cette personne devrait avoir un prototype en mémoire pour représenter ce que cette catégorie signifie. Dans cette optique, toute nouvelle information est comparée aux prototypes existant pour déterminer comment elle devra être classée, et la vitesse avec laquelle les individus traitent l'information dépendra du degré de similarité entre cette information et le prototype de la catégorie pertinente. Une information fortement similaire au prototype (e.g., très illustrative de l'exemplaire typique « être introverti ») et une information fortement dissemblable de ce prototype (e.g., illustrative d'extraverti) devraient être traitées très rapidement quand les individus sont amenés à rendre des jugements sur Soi sur cette dimension. De telles informations peuvent être en effet plus prestement que les autres comparées au prototype. Rogers et ses collaborateurs ont ainsi déduit que l'information similaire aux prototypes de Soi serait plus facilement mise en mémoire (encodée) et mieux rappelée. Donc si le Soi, envisagé comme un prototype cognitif, permet à l'information en rapport à Soi d'être plus facilement encodée et mieux rappelée, on peut émettre l'hypothèse que les stimuli traités en référence à Soi sont facilement mémorisables et mémorisés et donc plus aisément récupérables. Pour tester une telle hypothèse, Rogers, Kuiper, et Kirker (1977) ont eu recours à la méthodologie de certaines recherches sur la profondeur de traitement (Craik et Tulving, 1975). Cette méthodologie permet d'explorer les effets de diverses stratégies d'encodage sur le rappel ultérieur. Concrètement, Craik et Tulving présentaient des adjectifs-traits à leurs sujets. Certains sujets devaient traiter les caractéristiques visuelles de ces mots (traitement dit « de bas niveau » : par exemple repérer si le trait proposé était écrit en majuscules). D'autres sujets devaient traiter les caractéristiques phonétiques (traitement d'un niveau plus élevé), c'est-à-dire signaler si le mot proposé rimait, par exemple, avec « lion ». Enfin, dans une dernière condition expérimentale, les sujets effectuaient un traitement sémantique (traitement du plus haut niveau). Ils devaient dire si le trait-stimulus pouvait s'intégrer dans la phrase qui était présentée en même temps que lui. L'ensemble des sujets subissait ensuite une tâche de reconnaissance où ils devaient reconnaître parmi un ensemble de mots ceux qu'ils avaient vus lors de leur première tâche. Craik et Tulving, ayant enregistré le meilleur score de reconnaissance pour les mots-stimulus traités sémantiquement lors de la première tâche, ont alors considéré que l'encodage sémantique était la façon optimale d'obtenir une bonne mémorisation.

Rogers et ses collaborateurs (1977) ont utilisé cette méthodologie sur la profondeur de traitement en introduisant deux modifications. Ils ont ajouté une condition d'*autoréférence* en demandant aux sujets de cette condition d'estimer si le trait-stimulus proposé les décrivait. De plus, la deuxième tâche ne consistait pas en un test de reconnaissance mais en un rappel incident, les sujets devant se rappeler le plus grand nombre possible de mots qu'ils avaient vus lors de la première tâche. Les résultats obtenus par ces auteurs montrent nettement que les mots présentés dans la condition d'autoréférence sont mieux rappelés que ceux présentés dans les autres conditions. La supériorité de rappel de l'encodage autoréférent sur l'encodage sémantique indique que l'encodage autoréférent peut constituer la façon optimale d'accomplir une bonne mémorisation en créant une trace élaborée en mémoire. L'information jugée en référence à Soi est par ailleurs également mieux rappelée que l'information jugée en référence à une autre personne (e.g., Bellezza, 1984). Un avantage similaire pour l'information jugée en référence à Soi a été trouvé pour des mesures de reconnaissance en mémoire. La tâche des sujets dans cette configuration est non plus de rappeler le maximum de mots issus de la première tâche, mais de reconnaître parmi un ensemble de mots, ceux qu'ils ont vus lors de cette première tâche (e.g., Bower et Gilligan, 1979 ; Rogers *et al.*, 1977). Cette meilleure mémorisation de l'information traitée en référence à Soi a été nommée l'*effet de référence à Soi* (Rogers *et al.*, 1977). Mais cet effet a-t-il été souvent retrouvé dans la littérature ?

Obtient-on facilement un effet de référence à Soi ?

Dans les expériences portant sur cet effet, les chercheurs manipulent aussi bien la référence à Soi que la référence à autrui. Il apparaît que ce qui génère l'effet de référence à Soi, ce n'est ni le type de stimulus (un nom ou autre chose) (Klein, Loftus et Burton, 1989), ni le type d'information référencée (autobiographique ou non). En fait, c'est en fonction des exigences de traitement de la tâche que l'on mettra ou non en évidence un effet de référence à Soi (Keenan, Golding et Brown, 1992). Autrement dit, la tâche doit exploiter les différences mnémoniques entre Soi et autrui, de façon à entraîner un encodage plus efficace en rapport à Soi. Si l'on interroge un sujet sur un domaine où sa connaissance de lui-même n'est pas plus étendue que celle qu'il possède sur autrui, il ne sera pas possible de mettre en évidence un effet de référence à Soi. Il est donc nécessaire d'interroger l'individu sur un domaine où sa connaissance de lui-même est beaucoup plus importante que sa connaissance sur autrui si l'on souhaite voir apparaître un effet de référence à Soi. Par exemple, Keenan et Baillet (1980) demandent à leurs sujets des jugements évaluatifs ou factuels. Les jugements évaluatifs sont définis comme nécessitant l'examen de l'information stockée en mémoire dans le but de formuler une réponse. Les jugements factuels sont définis comme n'exigeant qu'une récupération directe du fait, les réponses étant déjà probablement stockées en mémoire. Pour les jugements évaluatifs, les auteurs demandent des jugements sur des traits tels que « Etes-vous courtois ? » ou « Votre meilleur ami est-il brave ? ». Pour les jugements factuels, ils utilisent des phrases comportant des parties de corps, telles que « Avez-vous un bras ? », « Votre meilleur ami a-t-il des branchies ? ». Un test de reconnaissance surprise – on demande aux sujets de reconnaître parmi une liste de mots ceux qu'ils ont vus auparavant – a ensuite lieu sur les mots cibles, tels que « brave » et « branchie ». Keenan et Baillet trouvent un effet de référence à Soi significatif pour les questions requérant un jugement évaluatif. En d'autres termes, la reconnaissance des mots-cibles est la meilleure lorsque le sujet traite ces mots en référence à lui-même, c'est-à-dire qu'il effectue un jugement évaluatif en rapport à lui-même (e.g., « Etes-vous cultivé ? »). En comparaison, lorsqu'il traite les mots-stimuli en référence à autrui, c'est-à-dire que son jugement évaluatif porte sur autrui (e.g., « Votre meilleur ami est-il drôle ? »), le score de reconnaissance est plus faible. Cet effet de référence à Soi n'est pas, par contre, observé dans le cas des questions exigeant un jugement factuel : les performances de rappel sont alors identiques qu'il s'agisse d'un encodage en référence : à une personne relativement inconnue (le président Carter ou un présentateur TV), à un autrui bien connu (un parent) ou à Soi. Pour Keenan et Baillet, déterminer si quelqu'un a un bras nécessite la même quantité d'informations, qu'il s'agisse de soi-même ou de Jimmy Carter. Nos jugements factuels requièrent simplement la récupération d'un mot ou le traitement de certains sous-ensembles d'informations. En conséquence, la somme totale d'informations accessibles à propos de Soi et d'autrui n'a rien à voir avec ce type de jugements : la somme d'informations utilisées dans les encodages est quasiment équivalente pour Soi et autrui, et aucun effet de référence à Soi ne peut avoir lieu.

En revanche, quand il s'agit de déterminer si vous possédez un certain trait ou si votre ami a ce trait, une somme d'informations en mémoire plus importante sera disponible dans le premier cas. En règle générale, vous possédez en effet plus d'informations sur vous-même que sur vos amis. En raison de cette somme plus importante d'informations « à passer en revue », le travail en mémoire sera plus important lorsque le trait est jugé en référence à Soi que lorsque le trait est jugé en référence à autrui. Le travail en mémoire sera en conséquence plus élaboré lorsqu'il est effectué en référence à Soi. On comprend dès lors mieux pourquoi l'effet de référence à Soi est mis en évidence uniquement pour les jugements évaluatifs.

Toutefois, si on arrive à cerner les conditions qui favorisent l'apparition d'un effet de référence à Soi, cela ne nous permet pas d'expliquer les raisons de l'existence d'un tel effet.

Comment expliquer l'effet de référence à Soi ?

Les chercheurs se demandent ce qui, dans l'information autobiographique, pourrait contrôler l'occurrence de l'effet de référence à Soi. On peut légitimement penser qu'il y a plus d'informations stockées avec le Soi qu'avec les concepts d'autres personnes (bien que l'information autobiographique soit par définition stockée avec le Soi, la même information peut aussi être stockée avec des concepts d'autres personnes quand ces personnes ont interagi avec nous). C'est pourquoi les tâches contenant de l'information autobiographique pourraient entraîner des traitements plus élaborés lorsqu'ils sont effectués en référence à Soi. Les conditions de récupération étant équivalentes, les cibles encodées en référence à Soi devraient donner lieu à de meilleures performances de mémorisation.

En fait, ce n'est pas tant le type d'informations (autobiographique ou non) qui a de l'importance mais plutôt la somme d'informations potentiellement accessibles pour les encodages. La détermination de l'effet de référence à Soi dépendrait donc de l'existence d'une différence entre Soi et autrui dans la somme d'informations couramment utilisées dans l'encodage (Keenan, Golding et Brown, 1992). Autrement dit, parce que nous avons plus d'informations sur nous-mêmes que sur n'importe qui d'autre, nous encodons et récupérons plus efficacement l'information traitée en référence à nous-mêmes.

Depuis la découverte de cet effet, la question théorique majeure est de savoir s'il s'agit d'une manifestation de propriétés mnémoniques qui seraient uniquement associées à cette structure mnémonique particulière qu'est le Soi (Rogers *et al.*, 1977) ou d'une manifestation de principes connus et plus généraux d'opérations en mémoire (Klein et Loftus, 1988; Greenwald et Banaji, 1989). Montrer que l'encodage en référence à Soi ne conduit pas toujours à une mémorisation supérieure reviendrait à considérer le Soi comme un système mnémonique ordinaire. Ces dernières années, l'effort de la recherche sur le rôle du Soi en mémoire a donc été dirigé vers une telle démonstration. Dans cette perspective, l'effet de référence à Soi a été évalué de deux façons. L'une consiste à comparer une tâche d'encodage comprenant le Soi avec une tâche d'encodage différente l'excluant (e.g., l'expérience princeps de Rogers *et al.*, 1977, *cf. supra*). Une autre approche est d'utiliser la même tâche d'encodage mais en faisant varier le référent de la tâche (Soi *vs* une autre personne) (e.g., ce que nous venons d'évoquer avec l'expérience de Keenan et Baillet, 1980).

Les résultats des expériences du premier type tendent à montrer qu'il existe des tâches d'encodage qui produisent une mémorisation aussi bonne, sinon meilleure, que l'autoréférence (e.g., Ferguson, Rule et Carlson, 1983). De tels résultats sont peu surprenants. De nombreux travaux sur les performances en mémoire montrent en effet que la récupération en mémoire dépend fortement des processus d'encodage (Craik et Lockhart, 1972; Craik et Tulving, 1975). Il apparaît que l'encodage en référence à Soi peut, par rapport à certains autres encodages, entraîner une meilleure mémorisation, une mémorisation plus mauvaise ou une mémorisation équivalente, simplement par manipulation de la nature des tâches d'encodage. Par exemple, pour éliminer l'effet de référence à Soi, il suffit simplement de concevoir des tâches sans référence à Soi qui contiennent plus de principes connus pour faciliter la mémorisation que la tâche autoréférente (e.g., plus de temps de traitement, un traitement plus profond, plus d'organisation). Ces différences rendent toute comparaison impossible. Ces expériences qui comparent une des nombreuses formes possibles d'encodage autoréférent avec certains autres types d'encodage reviendraient en quelque sorte à comparer des pommes et des oranges. Les tâches comparées non seulement se distinguent par le fait qu'elles réfèrent ou non au Soi, mais en plus elles diffèrent généralement sur d'autres dimensions importantes pour la mémoire (*cf.* Klein et Loftus, 1988). On peut même, dès lors, s'interroger sur la réalité de l'effet de référence à Soi.

L'effet de référence à Soi : mythe ou réalité ?

Klein, Loftus et Burton (1989) pensent que l'essentiel de la controverse entourant l'effet de référence à Soi provient d'une absence de distinction entre des effets d'autoréférence produits dans certains contextes expérimentaux et d'autres effets d'autoréférence obtenus dans d'autres contextes. Deux tâches différentes d'encodage sont généralement utilisées pour produire les effets d'autoréférence relatés dans la littérature. La première est une tâche autodescriptive : les sujets décident du caractère autodescriptif d'un mot-stimulus. Par exemple, ils doivent dire si oui ou non le mot « timide » les décrit. Comme nous l'avons déjà précisé précédemment, l'effet de référence à Soi se manifeste alors par un meilleur rappel ou une meilleure reconnaissance des mots-cibles présentés dans cette tâche autodescriptive par rapport aux autres mots-cibles présentés dans des tâches sans référence à Soi (e.g., une tâche sémantique). La deuxième tâche est une tâche autobiographique dans laquelle les sujets récupèrent un souvenir autobiographique relié au mot-stimulus (e.g., toujours pour le mot « timide » : « avant-hier à la fête d'Alice, je n'ai osé parler à personne »). Là encore, l'effet de référence à Soi se manifeste par un meilleur rappel ou une meilleure reconnaissance des mots-cibles présentés dans cette tâche autobiographique par rapport aux autres mots-cibles présentés dans des tâches sans référence à Soi. Ces deux tâches, autodescriptive et autobiographique, sont utilisées de façon interchangeable dans les expériences sur l'effet de référence à Soi. Certaines recherches utilisent exclusivement des tâches autodescriptives pour explorer cet effet (Rogers *et al.*, 1977) ;

d'autres ont recours aux tâches autobiographiques (Klein et Loftus, 1988), d'autres encore adoptent les deux (Bower et Gilligan, 1979). Ce constat peut être d'ailleurs étendu aux expériences dans lesquelles on compare l'encodage en référence à Soi à l'encodage en référence à un autrui bien connu (e.g., Bower et Gilligan, 1979, exp. 2). Pour Klein et ses collaborateurs (1989), le fait de traiter les tâches autodescriptives et autobiographiques comme des méthodes équivalentes pour étudier l'effet de référence à Soi serait responsable de la plupart des difficultés rencontrées à la fois pour démontrer les effets consistants de la référence à Soi et pour spécifier les processus responsables de cet effet. L'inaptitude des modèles courants à rendre compte de toutes les données utilisables devrait être interprétée non comme un manque de compréhension de l'effet de référence à Soi mais comme une difficulté à concevoir plusieurs effets de référence à Soi. Un mode de classification pourrait consister à séparer les résultats obtenus avec des tâches autobiographiques de ceux obtenus avec des tâches autodescriptives. Pour n'être pas explicatif des effets différentiels de ces tâches sur le rappel, cette catégorisation pourrait cependant faciliter la mise en ordre d'une littérature de recherche où les divergences sont monnaie courante, et fournir une direction en vue d'une théorisation minimale des phénomènes observés.

Cette clarification apportée, il convient de s'interroger sur les apports de l'effet de référence à Soi dans la connaissance des propriétés du Soi en mémoire. Même si l'information jugée en référence à Soi n'est pas toujours mieux rappelée que l'information jugée en référence à un autrui bien connu ou en référence à des propriétés sémantiques spécifiques des éléments proposés (e.g., Keenan et Baillet, 1980; Klein et Loftus, 1988), l'effet de référence à Soi est aujourd'hui largement attesté dans la littérature (pour revues, voir Greenwald et Pratkanis, 1984).

De l'effet de référence à Soi que pouvons-nous conclure sur les propriétés du Soi en mémoire ?

Bien que l'effet de référence à Soi reste un phénomène intriguant, certains chercheurs (Bellezza et Hoyt, 1992 ; Greenwald et Banaji, 1989) pensent que le Soi n'a pas de propriétés mnémoniques spécifiques. Globalement, les résultats présentés jusqu'ici dans le cadre de la recherche sur le Soi en mémoire incitent à penser que la bonne mémorisation des éléments encodés en relation avec le Soi pourrait être expliquée par le fait que ce dernier, bien que construit sur le modèle des autres structures de connaissance, serait un corps de connaissance hautement familier et bien organisé. Ces propriétés prédisposent les événements en rapport à Soi à être effectivement mieux encodés et plus aisément rappelés. Par ailleurs, un système de mémoire efficace doit être capable de (a) produire des indices qui sont utilisables pour des associations avec de nouveaux mots-cibles, (b) former des associations fortes entre ces indices et les mots-cibles, (c) reproduire les indices en l'absence des cibles, et (d) récupérer les cibles via les associations indice-cible préalablement établies (Greenwald et Banaji, 1989). Or le Soi possède des propriétés qui remplissent ces quatre conditions. On constate en effet que dans des tâches où les sujets génèrent eux-mêmes les traits qui les décrivent, ces traits sont ensuite facilement associés à d'autres éléments fournis par l'expérimentateur et sont très efficaces en tant qu'indices de récupération, c'est-à-dire que ces traits autogénérés facilitent la récupération en mémoire d'autres informations qui leur sont liées (e.g., Greenwald et Banaji, 1989).

Il semble dès lors que, parmi les trois conceptions évoquées au début du paragraphe sur le Soi en mémoire – à savoir 1) le Soi est une structure cognitive unique possédant des propriétés mnémoniques spécifiques ; 2) le Soi est construit sur le modèle des autres structures de connaissance mais possède des propriétés favorisant la mémorisation ; 3) aucune structure différente n'est associée au Soi : les effets mnémoniques qui lui sont attribués sont aisément interprétables comme des manifestations d'autres structures et processus –, la seconde se présente comme la plus attestée.

Par ailleurs, il est important de souligner que la plupart des recherches sur l'effet de référence à Soi recourent à des paradigmes typiques de l'étude des « niveaux de traitement » (e.g., Craik et Tulving, 1975). Elles font varier des tâches cognitives dans une situation non sociale. Ainsi, un expérimentateur présente au sujet une liste de traits apparemment sélectionnés au hasard. Ce dernier doit juger de la pertinence de chacun de ces traits par rapport à certaines catégories qui lui ont été spécifiées telles que le Soi. Peu de temps après, il effectue un test de mémoire. Bien que de telles expériences soient susceptibles de fournir des renseignements intéressants sur le rôle et la représentation du Soi en mémoire, elles n'intègrent pas les dimensions sociales des situations dans lesquelles l'information sur les individus est typiquement rencontrée. Kahan et Johnson (1992) ont essayé de résoudre ce problème en étendant la recherche sur l'effet de référence à Soi à des conditions sociales d'acquisition plus naturelles, c'est-à-dire en utilisant des traits-descripteurs provenant des propres conceptions de Soi des sujets (les sujets ne choisissent pas les traits dans une liste, ils les génèrent eux-mêmes), et en prolongeant raisonnablement les intervalles de rétention (qui ne dépassent guère quelques minutes dans la plupart des recherches).

Dans leur expérience (Kahan et Johnson, 1992), lors d'une première session, chaque sujet était d'abord associé à un partenaire (un compère de l'expérimentateur) dont il devait se former une impression. Le sujet et le compère recevaient ensuite chacun deux feuilles de papier dont l'une portait l'inscription « à propos de moi » et l'autre « à propos de l'autre personne ». Ils devaient alors générer vingt adjectifs descriptifs : dix concernant le Soi et dix en rapport avec l'autre personne. De plus, pour chaque ensemble de dix adjectifs, les sujets devaient trouver cinq adjectifs qu'ils croyaient être représentatifs de la personne-référent (soi ou l'autre personne) et cinq adjectifs qu'ils ne croyaient pas être représentatifs de la personne-référent. Une fois ces vingt adjectifs générés, le sujet et le compère devaient mener une « conversation ». Pour cela, ils devaient rapporter et évaluer les adjectifs qu'ils venaient de générer. Par exemple, la conversation pouvait commencer avec le compère comme référent. Dans ce cas, le sujet citait les dix adjectifs reportés sur sa feuille intitulée « à propos de l'autre personne », adjectifs qu'il avait donc générés à propos du compère. Ce dernier estimait alors si chaque adjectif proposé l'autodécrivait vraiment ou non. Puis le compère citait à son tour les dix adjectifs reportés sur sa feuille intitulée « à propos de moi », c'est-à-dire des adjectifs qu'il avait générés comme étant autodescriptifs. Pour chacun de ces adjectifs, c'était au sujet d'estimer s'il décrivait bien, selon lui, le compère. La même procédure était ensuite répétée, cette fois avec le sujet comme référent. Le compère citait les dix adjectifs issus de sa feuille étiquetée « à propos de l'autre personne », adjectifs qu'il avait donc générés à propos du sujet. Ce dernier estimait alors si chacun de ces adjectifs l'autodécrivait vraiment ou non. Puis le sujet citait à son tour les dix adjectifs qu'il avait générés comme étant autodescriptifs (adjectifs situés sur sa feuille étiquetée « à propos de moi »). Le compère estimait alors si chacun de ces adjectifs décrivait bien, selon lui, le sujet.

Les sujets revenaient deux jours après cette première session pour participer à la seconde. Là, ils subissaient trois tests de mémoire inattendus : un rappel libre, un test d'identification de la source, un test d'identification du référent. Pour le rappel libre, les sujets avaient cinq minutes pour se rappeler le maximum d'adjectifs vus lors de la première session. Pour les deux tests d'identification, l'expérimentateur proposait une liste de mots aux sujets. Pour le test d'identification de la source, ils devaient décider si chaque mot proposé dans la liste avait été, dans la première session, prononcé par eux, par leur partenaire, ou s'il s'agissait d'un mot nouveau. Pour le test d'identification du référent, les sujets devaient décider si chaque mot proposé avait été présenté comme les décrivant, décrivant leur partenaire, ou si c'était un mot nouveau.

Pour être rendue plus claire, l'analyse des résultats de cette expérience (Kahan et Johnson, 1992) doit être dichotomisée avec, d'un côté, les données obtenues lorsque les adjectifs sont générés par le sujet, et, d'un autre côté, les données relevées lorsque les adjectifs sont générés par l'autre personne, c'est-à-dire le compère.

– Lorsque les adjectifs sont générés par le compère, le sujet a deux tâches à accomplir qui correspondent à deux conditions pour lui : (a) une condition d'autoréférence : le sujet est le point de référence du jugement (il estime si les adjectifs l'autodécrivent) et (b) une condition de référence à autrui : le compère est le point de référence du jugement (le sujet estime si les adjectifs caractérisent le compère). La meilleure performance mnésique est obtenue, quel que soit le test de mémoire utilisé, dans la condition d'autoréférence où il est donc demandé au sujet de décider si le mot proposé par le compère est bien autodescriptif. Il s'agit bien ici d'un effet de référence à Soi : les meilleurs scores aux différents tests de mémoire sont enregistrés avec les adjectifs traités en référence à Soi. Autrement dit, le sujet reconnaît mieux et se rappelle davantage des adjectifs lorsqu'ils ont été préalablement traités en référence à lui-même que lorsqu'ils ont été traités en référence à une autre personne (lorsque le sujet devait estimer si le mot proposé par le compère était descriptif de ce dernier).

– Lorsque les adjectifs sont générés par le sujet lui-même, le compère a deux tâches à accomplir qui correspondent pour le sujet à deux conditions : (a) une condition d'autoréférence : le sujet est le point de référence du jugement (le compère estime si les adjectifs proposés décrivent le sujet) et (b) une condition de référence à autrui : le compère est le point de référence du jugement (le compère estime si les adjectifs proposés l'autodécrivent). Dans ce cas de figure où les adjectifs sont générés par le sujet, la différence de performance mnésique entre les conditions d'autoréférence et de référence à l'autre personne dépend du test de mémoire. Pour le test d'identification de la source, on observe un effet de référence à Soi qui se manifeste par une meilleure identification de la source (Soi ou le compère) dans la condition d'autoréférence. En d'autres termes, les sujets identifient plus souvent correctement celui qui a prononcé le mot quand ce mot a été jugé en référence à eux (le compère juge si l'adjectif est descriptif du sujet) que quand il a été estimé en référence au compère (le compère estime si l'adjectif l'autodécrit). En ce qui concerne les tests de rappel libre et d'identification du référent, il n'y a pas de différence de performance mnésique entre les conditions d'autoréférence et de référence à l'autre personne.

En résumé, lorsque le test de mémoire porte sur les adjectifs autogénérés, on observe uniquement un effet de référence à Soi pour le test d'identification de la source, lorsque cette source est le compère. En d'autres termes, pour les adjectifs que le sujet a générés lui-même, sa plus forte performance au test d'identification de la source (c'est-à-dire le plus grand nombre d'identifications correctes de la personne qui a cité ces adjectifs) sera enregistrée sur les adjectifs prononcés par le compère comme étant descriptifs du sujet. En revanche, cet effet n'a pas lieu lorsque le sujet doit décider si c'est lui qui a utilisé ce mot.

Globalement, les résultats montrent que les sujets identifient mieux la source des adjectifs que le référent. Autrement dit, les sujets savent assez bien reconnaître celui qui a prononcé le mot, mais sont moins aptes à identifier le destinataire. De telles données illustrent plus un effet de source qu'un effet d'autoréférence. D'ailleurs, le fait qu'à la fois le référent et la source contribuent à la mémorisation suggère que, dans plusieurs expériences antérieures, les effets d'autoréférence ont été confondus avec les effets de source.

En résumé, il apparaît qu'un certain nombre de questions sur l'effet d'autoréférence semble rester sans réponse ou au mieux obtenir quelques réponses partielles. En sera-t-il de même au niveau du riche domaine d'études sur le rôle du Soi dans le traitement de l'information sur autrui ?

Le Soi dans le traitement de l'information sur autrui

Dans une situation d'apprentissage incident, comme nous venons de le constater, le rappel d'adjectifs-traits est meilleur quand ces adjectifs sont jugés en référence à Soi que lorsque tout autre type d'encodage est utilisé. Ces résultats ont conduit Rogers (1981) à développer une position extrême en avançant que le Soi serait une « ancre » stable, immobile ou un « point de référence habituel » utilisé pour guider le traitement de l'information nouvelle propre à Soi. Cet auteur considère en effet que le contrôle de l'environnement social nécessite l'intervention d'une « structure cognitive » stable : le Soi. Nous allons maintenant examiner plus en détail cette proposition qui fait du Soi un point de référence stable et habituel.

Le Soi comme point de référence

— Le Soi est un point de référence habituel dans le traitement de l'information

La source principale de l'assise théorique de la conception qui fait du Soi un point de référence social habituel provient de l'ensemble des expériences de Rogers et ses collègues (1981 ; Rogers, Kuiper et Kirker, 1977 ; Rogers, Kuiper et Rogers, 1979). Selon Rogers (1981, p. 203), le Soi est une structure cognitive unique, différente par nature des structures représentant autrui. Cet auteur pense même que le Soi pourrait bien être le *prototype* le plus important et le plus riche de notre arsenal cognitif. Le protocole utilisé dans ses recherches se présente ainsi : dans un premier temps, les sujets évaluent le degré avec lequel quatorze adjectifs-traits différents les décrivent. Un moment plus tard, on présente à ces sujets des paires d'adjectifs et on leur demande de juger, pour chaque paire, lequel d'entre eux les décrit le mieux. Les auteurs mesurent alors le temps nécessaire à l'émission de ce jugement et le mettent en rapport avec ce qu'ils appellent la « distance » entre les deux traits proposés. Cette distance est évaluée à partir des premières estimations. Par exemple, supposons que la paire proposée soit « studieux-attentif ». Si lors de la première phase, le sujet a estimé, sur une échelle en neuf points, que le degré avec lequel « studieux » le décrivait était de 7, ce degré étant 5 pour « attentif », la distance entre les deux traits est, pour ce sujet, de 2. Il est important de noter que ces distances sont évaluées séparément pour chaque individu et ne sont confondues avec aucune caractéristique propre des traits (e.g., la longueur des mots, le contenu sémantique, etc.). Ensuite, Rogers et ses collaborateurs calculent la corrélation entre le temps de latence nécessaire pour décider lequel des deux adjectifs les « décrit le mieux » et « la distance » qu'il y a entre ces traits. Cette corrélation, appelée « distance symbolique » est de -.97. Ils montrent donc un fort effet de distance symbolique, c'est-à-dire une forte corrélation négative entre le temps de latence et la distance entre les traits. Plus précisément, plus les deux traits diffèrent quant à leur degré de similarité au Soi, plus le temps de réponse est rapide. Dans une deuxième expérience, Rogers et ses collaborateurs demandent à leurs sujets d'effectuer deux types de jugements sur des paires de traits. Pour le premier jugement, les sujets doivent décider quel adjectif de la paire est le plus autodescriptif. Pour le deuxième jugement, les mêmes sujets sélectionnent le trait qui les décrit le moins. Les auteurs constatent alors que les sujets sont plus rapides pour décider quel est l'adjectif qui les décrit le mieux. De tels résultats semblent suggérer que les sujets adoptent un point de référence, le soi, pour faire leurs jugements, et que ce point de référence ne varie pas avec les changements d'instruction. Pour Rogers et ses collaborateurs, ces données vont dans le sens de l'hypothèse qui fait du Soi une structure cognitive stable, immobile. Malgré la nature multidimensionnelle apparente du Soi, cette interprétation est intéressante parce qu'elle suggère l'existence d'un noyau central résistant au changement qui, comme tel, constitue un possible point de référence fixe.

Toutefois, plusieurs critiques méthodologiques mais aussi théoriques ont été faites sur ces expériences de Rogers et collaborateurs.

— Quelle validité peut-on accorder à cette conception ?

Holyoak et Gordon (1983) remettent en question les interprétations de Rogers et ses collaborateurs (1979). Ils notent par exemple que, parce que Rogers et son équipe présentent explicitement le Soi comme le stimulus-référent dans leur tâche de comparaison, ce résultat indique simplement que le Soi peut fonctionner comme un point de référence, et non que ce point de référence est habituel. Ce résultat ne permet donc pas de répondre directement à la question : le Soi est-il un point de référence habituel ?

Dans la perspective de Rosch (Rosch et Mervis, 1975), et en raison du rôle particulier que jouent les prototypes dans la formation des catégories et les processus de comparaison, on peut faire l'hypothèse que la similarité perçue entre un objet quelconque et le prototype de sa catégorie est plus forte que celle qui est perçue entre le même prototype et le même objet. Dans le premier cas, on compare un objet quelconque au prototype, dans le second le prototype à l'objet, d'où cette asymétrie dans les jugements de ressemblance (*cf.* également Codol, 1987b). C'est ce que trouve Tversky (1977) dans des comparaisons d'objets « non sociaux », et ce que Codol (1984 a, b, c ; 1986) observe avec des objets sociaux : personnes ou groupes.

Srull et Gaelick (1983), en cherchant des méthodologies capables de fournir une preuve de la position théorique suggérée par Rogers et ses collaborateurs (1979), ont eu recours à une méthode propre aux jugements de similarité. Les résultats de leurs expériences (Srull et Gaelick, 1983) sont en accord avec le point de vue original de Rogers (1981 ; Rogers *et al.*, 1979) selon lequel le Soi est un point de référence relativement fixe et habituellement utilisé. Dans leur première expérience, les sujets doivent émettre des jugements de similarité entre deux objets sur une échelle allant de 1 (similarité minimale) à 25 (similarité maximale). Les stimuli proposés sont des fruits, des animaux, des traits de personnalité, et des objets inanimés mais également les stimuli-clé comprenant le Soi. Parmi les paires proposées, certaines sont très dissemblables (e.g., pomme-camion), certaines sont d'une similarité modérée (e.g., intelligent-spirituel), et certaines sont très semblables (e.g., bicyclette-motocyclette). La seule manipulation expérimentale concerne le jugement de similarité entre Soi et autrui. A la moitié des sujets, on demande de répondre à la question : « en général, à quel point êtes-vous similaire aux autres ? », et à l'autre moitié : « à quel point les autres vous sont-ils similaires ? ». Les sujets trouvent qu'autrui leur ressemble plus qu'ils ne ressemblent à autrui. Mais dans cette expérience, « autrui » objet de comparaison est un autrui généralisé.

Dans la deuxième expérience, « autrui » va être spécifié. Les auteurs proposent cinq types d'« autrui » : trois célébrités américaines, « votre mère », « votre père ». Le résultat de l'expérience 1 est répliqué, à savoir les sujets trouvent qu'autrui leur ressemble plus qu'ils ne ressemblent à autrui. Mais l'amplitude de cet effet diminue pour les personnes proches. Le sujet perçoit en effet plus de similarité entre lui et un autrui familier (son père, sa mère) qu'entre lui et un autrui non familier (une célébrité américaine). Inversement, un autrui familier est perçu comme étant moins semblable à soi qu'un autrui non familier. Ces résultats sont également répliqués par Holyoak et Gordon (1983).

Les asymétries dans les jugements de similarité Soi-autrui paraissent être monnaie courante, l'individu tendant à voir autrui comme plus similaire à lui que lui-même à autrui. C'est exactement ce que l'on peut attendre en affirmant que le « Soi » est un prototype cognitif rapidement accessible et habituellement utilisé comme point de référence pour interpréter l'information sociale. De façon remarquablement constante, Codol (1979, 1986, 1987a) trouve des asymétries dans la similarité perçue entre soi-même et d'autres personnes, ou entre son groupe d'appartenance et d'autres groupes. D'une manière générale, nous pensons que les autres nous ressemblent plus que nous ne ressemblons aux autres. Ainsi apparaît une similarité très fondamentale entre le domaine de la perception des objets et celui de la perception sociale (e.g., Tversky, 1977) ; dans tous les cas, les stimuli ordinaires sont jugés comme plus similaires que différents du point de référence. Par ailleurs, comme nous l'avons présenté, on observe de telles asymétries dans les jugements de similarité Soi-autrui que l'objet de comparaison soit un autrui généralisé ou une personne spécifique (Srull et Gaelick, 1983, exp. 2).

Une autre recherche suggère néanmoins une vue plus modérée que celle de Rogers (1981). Les résultats de Holyoak et Gordon (1983, exp. 1) indiquent que, certes, le Soi sert de point de référence habituel dans un jugement de similarité par rapport à des amis. En revanche, les résultats de leur deuxième expérience, tout en montrant que le Soi fonctionne comme un point de référence dans certains contextes, réfutent fortement l'idée qui fait du Soi le seul point de référence social habituel (e.g., Rogers, 1981).

Dans leur première expérience, Holyoak et Gordon (1983) demandaient à des sujets d'émettre un jugement portant sur la similarité entre eux-mêmes et un ami à propos de diverses dimensions descriptives des personnes. La moitié des sujets devait effectuer cette estimation en se prenant soi-même comme point de référence, l'autre moitié prenait un ami comme point de référence. Concrètement, l'ensemble des sujets devait penser à un ami de même sexe qui leur était cher. Puis, la moitié d'entre eux devait évaluer leur similarité à cet ami, c'est-à-dire que l'ami était le point de référence de la comparaison (e.g., est-ce que je ressemble à cet ami ?). L'autre moitié effectuait l'évaluation inverse : les sujets estimaient la similitude d'un ami à eux, c'est-à-dire que le Soi était le point de référence de la comparaison (e.g., est-ce que cet ami me ressemble ?). Ces évaluations avaient lieu sur dix dimensions, à l'aide d'une échelle en neuf points (9 correspondant à la similarité maximale). Cinq des dimensions portaient sur des traits de personnalité en relation avec la sociabilité (par exemple la timidité) et cinq sur des dimensions physiques (par exemple le poids). Une fois encore, l'effet d'asymétrie est retrouvé. Les sujets estiment qu'un ami leur ressemble plus qu'ils ne lui ressemblent, que ces estimations portent sur des dimensions physiques ou sociales.

Mais les résultats de la deuxième expérience vont permettre d'invalider l'hypothèse faisant du Soi le seul point de référence social habituel (e.g., Rogers, 1981). Dans cette expérience (Holyoak et Gordon, 1983, exp. 2), les sujets devaient évaluer le degré de ressemblance entre eux-mêmes et successivement chacune des figures typiques de neuf stéréotypes, les comparaisons étant orientées dans un sens ou dans l'autre (le Soi était le point de référence ou la figure prototypique était le point de référence). Tous les termes utilisés pour désigner les stéréotypes renvoyaient à des catégories d'étudiants, différenciées en fonction de la plus ou moins grande connaissance que des étudiants de premier cycle étaient susceptibles d'avoir de la figure typique de chacune d'elles (pour plus de détails, voir Piolat, Hurtig et Pichevin, 1992, p. 179-187). Après avoir effectué ces comparaisons, les sujets devaient, pour chaque stéréotype, dresser une liste d'attributs le caractérisant. L'analyse des données obtenues dans cette expérience a permis de montrer que l'effet d'asymétrie classique tend à diminuer avec l'augmentation du nombre d'attributs mentionnés par les sujets (forte corrélation négative entre ces deux variables). Autrement dit, plus les sujets ont de connaissances sur un stéréotype, plus ils tendent à utiliser ce stéréotype comme point de comparaison et donc moins ils tendent à recourir au Soi comme point de référence dans la comparaison. Dans le cas de comparaison avec des stéréotypes bien connus des sujets, le Soi n'est donc pas forcément pris comme point de référence dans la comparaison. Le Soi semble bien fonctionner comme point de référence habituel dans les comparaisons avec des stéréotypes dont on sait peu de choses. En revanche, les stéréotypes bien connus des sujets s'imposent comme point de référence au moins autant que le Soi.

Enfin, les résultats présentés jusqu'alors dans le cadre du rôle du Soi dans le traitement de l'information sur autrui peuvent être relativisés par la prise en compte des recherches interculturelles.

Conclusion : notre Soi est un point de référence dans une situation peu familière.

Rogers et ses collaborateurs (1979) trouvent que le Soi est à ce point utilisé habituellement qu'il est difficile, dans une expérience, de discriminer les mots présentés antérieurement des mots nouveaux lorsque ces deux types de mots sont congruents avec nos conceptions de Soi. D'autres expériences montrent que l'utilisation du Soi comme point de référence dépend de la centration de la personne (sur elle-même ou sur autrui), et de la valeur relative de l'information sur chacun (Holyoak et Gordon, 1983 ; Srull et Gaelick, 1983). Il semble que deux situations entraînent l'utilisation privilégiée du Soi comme point de référence pour juger autrui :

– quand les individus s'intéressent davantage à eux qu'à autrui ;
– et quand ils possèdent peu d'informations sur autrui.

L'importance présumée du Soi dans le traitement de l'information a conduit les chercheurs à supposer que le concept de Soi était central dans l'organisation de l'information sur les autres personnes. Les résultats des recherches testant cette hypothèse ne sont néanmoins pas toujours consistants. Les données qui la valident proviennent d'expériences dans lesquelles il est montré que les gens prêtent attention à l'information sur autrui dans des domaines qui sont importants pour leur propre concept de Soi (Markus et Smith, 1981). En revanche, les travaux de Park (1986) n'apportent aucune preuve de la meilleure accessibilité des traits autopertinents dans les représentations d'autrui. D'autres expériences (e.g., Markus, Smith et Moreland, 1985 ; Prentice, 1990) montrent également que le Soi guide la perception des personnes ou des groupes ayant peu d'attributs connus, et non la perception de personnes très familières. Des données issues de ce champ de recherche, on peut donc conclure que le Soi est un point de référence habituel dans le traitement de l'information concernant toute personne peu connue. Une telle affirmation ne peut toutefois pas dépasser les frontières de nos cultures occidentales. La connaissance de Soi des individus de certaines cultures non occidentales, qui prônent plus volontiers l'interdépendance sociale, serait en effet moins élaborée que la connaissance sur autrui.

Nous allons continuer maintenant l'étude du rôle du Soi dans le traitement de l'information en abordant certaines structures particulières du Soi, qui, nous semble-t-il, peuvent fournir un support intéressant à l'étude du rôle des insertions sociales sur le traitement de l'information en rapport à Soi (voir Martinot, 1993). Ces structures particulières sont les *schémas de Soi.*

Les schémas de Soi

Quel est l'apport du modèle des schémas de Soi dans l'étude du Soi ?

Les individus apprennent à se connaître grâce à l'introspection, en observant leur propre comportement, grâce aux informations provenant d'autrui, et en organisant leurs souvenirs personnels des événements passés autour des croyances qu'ils ont sur eux-mêmes. Mais comment cela affecte-t-il leur vision du monde ? Les psychologues sociaux, les psychologues de la personnalité et du développement se sont longuement posé ces questions, et ils n'ont pas trouvé de réponse unique. Toutefois, ces dernières années, l'étude cognitive du Soi a entraîné un renouvellement théorique important. Nombre de théoriciens, parmi lesquels Sarbin (1954) et plus récemment Epstein (1973), ont explicitement considéré le Soi comme une structure cognitive ou un ensemble de structures qui organise, modifie et intègre les informations qui concernent en propre la personne. Mais nous avons vu, au cours de ce chapitre, qu'envisager le Soi comme étant une structure cognitive ne signifie pas qu'il y ait unanimité sur la nature de cette structure. Par exemple, le Soi peut prendre la forme d'un nœud dans un réseau associatif (Bower et Gilligan, 1979), celle d'un ensemble de prototypes (Rogers, 1981) ou encore celle d'un schéma de Soi. Pour chacun de ces modèles, il existe de nombreux supports empiriques montrant une représentation de Soi viable. Il ne nous paraît pas nécessaire, dès lors, de faire un choix entre ces modèles qui, dans de nombreux cas, génèrent des prédictions identiques et peuvent être modifiés pour incorporer les propriétés d'un autre (e.g., Greenwald et Pratkanis, 1984).

Toutefois, le modèle du schéma de Soi nous semble être l'un des plus fécond dans la recherche sur le Soi. Au niveau théorique le concept de schéma de Soi s'avère en effet être un outil efficace. Il permet notamment:

– de localiser ce qui chez le sujet contrôle l'occurrence de certains comportements,

– de prédire directement à quoi seront allouées les ressources attentionnelles, de prédire les inférences et certains aspects de la consistance comportementale,

– de spécifier clairement le lieu de certains changements comportementaux.

De plus, le travail sur le rôle des « schémas de Soi » dans le traitement de l'information sociale (Markus et Smith, 1981) est compatible avec le modèle du Soi comme point de référence habituel. Enfin, la notion de schéma de Soi n'est évidemment pas dissociable de la notion même de « schéma » élaborée en psychologie cognitive (Bartlett, 1932; *cf.* aussi Markus et Zajonc, 1985).

En fait, une approche en termes de schémas de Soi peut s'accommoder avec une quantité de vues sur la nature du Soi au cours des séquences de traitement de l'information. Mais, quelles que soient leurs conceptualisations, tous les chercheurs évoqués ici sont partisans d'un modèle cognitif général du Soi prenant ses racines dans un travail antérieur de Kelly (1955) et Combs et Snygg (1949). Plus précisément, le Soi envisagé sera un Soi dynamique et non une entité statique reflétant simplement l'expérience passée. Dans cette perspective, le Soi est un ensemble multidimensionnel, à multiples structures, et joue un rôle crucial en organisant tous les aspects du comportement (Markus, 1990). Mais, plus précisément, que signifie cette dernière phrase ?

Qu'est-ce qu'un schéma de Soi ?

Les *schémas de Soi*, véritables « molécules cognitives » du concept de Soi, sont des croyances sur soi-même qui guident le traitement de l'information. Les schémas de Soi sont au concept de Soi total d'un individu ce que sont les hypothèses à une théorie, les rayons à une librairie. Les individus peuvent se penser comme étant masculins ou féminins, indépendants ou dépendants, libéraux ou conservateurs, introvertis ou extravertis. Les enfants comme les adultes se décrivent généralement en citant leurs caractéristiques physiques, psychologiques, et sociales (Hart et Damon, 1986). Tout attribut spécifique peut ainsi correspondre au concept de Soi de certaines personnes mais pas à celui d'autres personnes. Le schéma de Soi du poids du corps est un bon exemple. Les individus qui se considèrent comme extrêmement gros ou maigre, et pour lesquels cet attribut est un aspect saillant du concept de Soi, sont considérés comme schématiques sur la dimension du poids du corps. Au contraire, ceux dont le poids n'affecte guère l'image qu'ils ont d'eux-mêmes sont aschématiques sur cette dimension (ou attribut).

Ces structures cognitives fournissent ainsi les catégories par lesquelles l'expérience est rendue signifiante. « Les schémas de Soi sont des généralisations ou théories sur Soi, développées à partir de catégorisations et d'évaluations similaires de nos comportements répétées par Soi et par autrui, qui aboutissent à une idée clairement différenciée du type de personne que l'on est dans un domaine particulier de comportements. Ces types de structures rendent les individus capables de comprendre leurs propres expériences sociales et d'intégrer une large gamme d'informations sur Soi dans des ensembles signifiants. Ils dirigent aussi l'attention sur le comportement qui est susceptible d'informer sur ces aspects de Soi. » (Markus et Smith, 1981, p. 240, notre traduction.) L'acquisition et l'organisation d'un schéma de Soi présupposent l'observation puis la catégorisation, l'explication et le résumé, de manière répétitive, des invariances caractérisant ce qu'on a fait et vécu dans un cadre d'occasions et de situations.

Conceptualiser le Soi comme un système de schémas revient à le considérer comme un ensemble de structures de connaissance développées pour comprendre, expliquer ou intégrer son propre comportement dans des domaines particuliers. Un schéma intègre, dans un réseau systématique utilisé durant le traitement, toutes les informations connues sur Soi dans un domaine comportemental particulier (Markus et Smith, 1981). En général, les schémas sont à la base de la sélection qui s'opère durant le traitement de l'information. Similairement, les schémas de Soi sont à la base de la perception de notre propre comportement. Par exemple, un individu qui a un schéma d'indépendance, c'est-à-dire qui s'estime indépendant et qui accorde de l'importance à cette dimension, va intégrer dans son schéma toutes les informations qu'ils possèdent sur lui et qui ont un lien avec l'indépendance. Lorsqu'il sera dans une situation en rapport avec l'indépendance, il traitera l'information et expliquera son comportement à partir de son schéma d'indépendance. Neisser (1976) va même plus loin en affirmant que les individus recueillent seulement les informations pour lesquelles ils ont un schéma et, bon gré mal gré, ignorent le reste.

Mais comment les propriétés du schéma de Soi ont-elles été mises en évidence expérimentalement ?

Mise en évidence expérimentale des propriétés du schéma de Soi

Expérimentalement, une série de recherches sur la description et l'organisation par les individus de leur propre comportement a montré que les schémas de Soi influencent le traitement de l'information sur Soi dans une variété de domaines (personnalité, genre, apparence physique). Dans l'expérience princeps (Markus, 1977), des individus ayant des schémas de Soi dans le domaine de l'indépendance et de la dépendance (individus « schématiques ») étaient comparés à des individus sans schéma dans ce domaine (« aschématiques »). Au préalable, Markus avait sélectionné trois groupes de sujets sur les dimensions de l'indépendance et de la dépendance. Le premier groupe de sujets dits « Indépendants » était constitué d'individus qui s'étaient situés sur le pôle de l'indépendance d'échelles de réponse et qui considéraient la dimension de l'indépendance/dépendance comme importante. Le deuxième groupe de sujets dits « Dépendants » était composé d'individus qui, à l'inverse, s'étaient situés sur le pôle de dépendance des échelles de réponse et qui accordaient également de l'importance à cette dimension de l'indépendance/dépendance. Enfin, les sujets du troisième groupe, dits « aschématiques » s'étaient situés dans la zone médiane des échelles et n'accordaient pas d'importance à cette dimension. Markus proposait alors à l'ensemble de ces sujets trois tâches destinées à estimer l'influence de certaines structures du Soi sur le traitement de l'information en rapport à Soi.

Pour la première tâche, elle présentait aux sujets une liste de soixante-neuf adjectifs désignant des traits de personnalité. Quinze d'entre eux étaient en rapport avec l'indépendance (e.g., autonome, indépendant, individualiste), quinze avec la dépendance (e.g., conformiste, dépendant, coopératif) et trente-neuf non reliés à ces deux dimensions (e.g., honnête, amical). Pour chaque adjectif, le sujet devait dire s'il trouvait l'adjectif autodescriptif ou non. On enregistrait le temps de latence de la réponse pour chaque jugement.

La seconde tâche était une épreuve de rappel comportemental. Chaque sujet avait un livret contenant seize adjectifs : sept étaient représentatifs de l'indépendance, sept représentatifs de la dépendance, et deux étaient neutres sur la dimension de l'indépendance/dépendance. Les sujets avaient pour consigne d'entourer chaque adjectif qu'ils estimaient autodescriptifs et de rappeler alors un ou plusieurs comportements qu'ils avaient eus prouvant que l'adjectif les caractérisait bien.

Pour la dernière tâche, on proposait aux sujets une série de descriptions de comportements indépendants (e.g., «vous parlez dès que vous avez des commentaires à faire sur ce qui vient d'être dit») et dépendants (e.g., «vous hésitez avant de faire des commentaires, et vous n'intervenez que si quelqu'un d'autre émet le même point de vue que le vôtre»). Ils devaient alors apprécier, dans chacun des cas, la probabilité qu'ils adoptent eux-mêmes le comportement décrit en attribuant à chaque item une note située entre 0 et 100. 0 signifiait que le comportement était complètement improbable pour le sujet alors que 100 indiquait que le sujet pouvait très vraisemblablement émettre ce comportement.

Les résultats enregistrés au cours de cette expérience sont à analyser en tenant compte de la cohérence de la configuration des réponses d'une tâche à l'autre. Ainsi traités, on observe que les données relevées chez les sujets «indépendants» et chez les sujets «dépendants» alimentent l'hypothèse de l'existence dans chacun de ces deux groupes d'un schéma de Soi qui facilite le traitement de l'information. Les individus «indépendants» posséderaient ainsi un schéma de Soi d'indépendance: ils s'attribuent davantage d'adjectifs associés à l'idée d'indépendance que les individus des deux autres groupes. En outre, chez ces sujets, les temps de réponse pour juger un mot autodescriptif sont plus courts lorsqu'il s'agit de mots liés à l'indépendance que de mots en rapport avec la dépendance. Enfin, ils se sentent plus susceptibles d'adopter dans l'avenir des comportements illustratifs de l'indépendance. Chez les individus «dépendants», la configuration de résultats est symétrique, ce qui permet de supposer qu'ils possèdent un schéma de Soi de dépendance. Ces deux groupes de sujets schématiques sur la dimension de l'indépendance/dépendance ont des réponses à la tâche d'autodescription tout à fait cohérentes avec leurs réponses aux deux autres tâches, ce qui n'est pas le cas pour les sujets du groupe 3. Les données relevées auprès de ce dernier groupe suggèrent que ces sujets ne font preuve, sur la dimension indépendance/dépendance, d'aucune généralisation de connaissances bien constituées, autrement dit d'aucun schéma de Soi. Ces derniers pourraient alors être qualifiés d'individus aschématiques sur cette dimension. Pour aucune des tâches, ces individus ne font de discrimination entre les stimuli liés à l'indépendance et ceux illustratifs de la dépendance. De plus, les individus présumés schématiques ont, pour les trois tâches, des réponses nettement différentes de celles des individus présumés aschématiques. Il semble que pour ces derniers l'indépendance/dépendance ne soit pas une dimension de comportement pertinente. Ce n'est pas en fonction du caractère indépendant ou dépendant de leurs actions qu'ils catégorisent ou différencient ces dernières.

Une autre expérience (Sentis et Markus, 1979) était destinée à étudier l'effet de schémas de Soi sur le temps de traitement nécessaire à l'émission de jugements autodescriptifs et à la reconnaissance en mémoire d'informations propres à Soi. La première phase de cette recherche était identique à celle de l'expérience de Markus (1977) : les sujets étaient sélectionnés de la même façon puis ils effectuaient une tâche d'autodescription. A la suite de cela, ils effectuaient une tâche distractrice, suivie par un test de reconnaissance standard. Les sujets devaient estimer si oui ou non chaque adjectif proposé avait déjà été présenté dans la première tâche d'autodescription. Ils répondaient par « Ancien » s'ils avaient vu le mot auparavant ou « Nouveau » s'ils ne l'avaient pas vu.

Les résultats enregistrés lors de la tâche d'autodescription répliquent ceux obtenus précédemment (Markus, 1977). En ce qui concerne la mémoire, les schématiques montrent une reconnaissance supérieure du matériel en rapport avec leur schéma ; les sujets à schéma d'indépendance obtiennent leur meilleure reconnaissance pour les adjectifs représentatifs de l'indépendance et les sujets à schéma de dépendance pour les traits représentatifs de la dépendance. Les aschématiques ne manifestent pas de différence de reconnaissance entre le matériel en rapport et sans rapport avec le schéma. Par ailleurs, les schématiques commettent moins d'erreurs et sont plus rapides pour reconnaître le matériel en rapport avec leur schéma que les aschématiques. Ils vont également reconnaître plus rapidement les mots représentatifs de leur schéma qu'ils ont jugés autodescriptifs précédemment lors de la tâche autodescriptive, et ce, par rapport aux mots reliés à leur schéma mais qu'ils n'ont pas jugés autodescriptifs lors de cette première tâche. En d'autres termes, le jugement précédent, « Moi/Pas Moi », a un effet sur la rapidité avec laquelle les schématiques sont capables de reconnaître les traits déjà vus. Bien que tous deux congruents avec le schéma du sujet, le trait jugé autodescriptif sera plus rapidement reconnu que le trait jugé non autodescriptif. Les temps de réaction pour les aschématiques ne diffèrent pas en fonction du caractère autodescriptif ou non du mot. Ces résultats sont répliqués avec des schémas de Soi sur la créativité et sur le poids du corps (e.g., Markus, Hamill et Sentis, 1987).

Dans une expérience sur les schémas de genre (Markus, Crane, Bernstein et Siladi, 1982), des individus ayant un schéma de Soi masculin et des individus ayant un schéma de Soi féminin sont comparés à des individus catégorisés comme androgynes (aschématiques au regard des stéréotypes de sexe). Les schématiques masculins s'attribuent plus promptement et avec plus de confiance les adjectifs stéréotypiques de l'homme par rapport aux adjectifs stéréotypiques de la femme. On observe exactement le phénomène inverse chez les schématiques féminins: ils sont plus rapides et plus confiants pour estimer autodescriptifs les adjectifs stéréotypiques de la féminité par rapport aux adjectifs reliés à la masculinité. Pour les sujets androgynes, aucune différence n'apparaît dans le temps de traitement des adjectifs estimés autodescriptifs, qu'ils soient représentatifs de la féminité ou de la masculinité. L'émission plus rapide de jugements autodescriptifs sur la dimension schématique, observée dans cette expérience mais aussi dans celles décrites précédemment, semble pouvoir s'expliquer par le fait que posséder un schéma dans un domaine particulier implique un résumé et une organisation de l'information propre à Soi pour un accès facile.

Mais comment se construit un schéma de Soi?

Genèse d'un schéma de Soi

Pour Markus (1977), le Soi serait représenté en mémoire simplement comme d'autres individus et d'autres aspects de l'environnement social le sont. Cette vision suggère que toutes les représentations générales de Soi sont stockées ensemble dans un système du Soi distinct, relié à d'autres concepts en mémoire. Les représentations de Soi générales sont constituées par certains traits comme son propre nom, la représentation de son apparence physique, les autres représentations liées aux autres aspects-clés du Soi (âge, sexe, profession, etc.) et les évaluations globales de Soi. De plus, en raison du grand nombre d'événements qui ont lieu en référence à Soi, le concept de Soi va être relié à de nombreux autres concepts. Cette approche permet d'envisager des intersections temporaires entre Soi et d'autres objets aussi bien que des connexions plus permanentes et plus durables. Par exemple, intéressons-nous à un élève scolarisé depuis une dizaine d'années. Il aura pu établir un certain nombre de connexions entre son concept de Soi et les événements en rapport avec l'école. Parmi ces connexions, certaines seront plus durables que d'autres. Des associations répétées entre Soi et d'autres concepts, d'autres structures doivent conduire à des liens plus forts et plus sûrs. Si cet élève a reçu pendant ses premières années scolaires davantage de renforcements positifs (e.g., des bonnes notes, des compliments de la part de ses professeurs, de ses parents) que de renforcements négatifs (e.g., des mauvaises notes ou des réprimandes), il aura établi des liens plus forts entre son concept de Soi et le fait de bien travailler à l'école qu'entre son concept de Soi et le fait de mal travailler à l'école. Il pourra alors commencer à penser qu'il est un bon élève. Quand de nombreuses représentations d'une structure particulière deviennent pertinentes pour Soi et quand une quantité de plus en plus importante de représentations appartenant au concept de Soi est associée avec cette structure, un chevauchement entre Soi et cette structure peut avoir lieu. Autrement dit, si l'élève de notre exemple a continué, dans la suite de sa scolarité, à recevoir une majorité toujours croissante de renforcements positifs pour son travail, il peut considérer qu'être un bon élève le décrit parfaitement. Ainsi, un chevauchement entre Soi et un autre concept (celui de la réussite scolaire) se produisant, un schéma de Soi peut émerger ou se développer. Cet élève peut donc développer un schéma de Soi de réussite scolaire. Cette nouvelle structure fait alors partie du Soi et est automatiquement stimulée lors d'une activation de la structure du Soi. Au bout de ces dix ans de scolarisation, si on demande à cet élève à schéma de Soi de réussite scolaire de s'autodécrire, il se présentera automatiquement comme un bon élève. Mais un tel schéma existe-t-il ?

Un exemple particulier de schéma de Soi : le schéma de réussite scolaire

Une série d'expériences sur la description par des élèves de leur propre comportement scolaire (Martinot, 1993 ; Martinot et Monteil, 1995 a et b) a permis de mettre en évidence l'existence de schémas de Soi scolaires. Les schémas de Soi sont le fruit d'une longue élaboration et se nourrissent d'éléments similaires fréquemment rencontrés. Ils peuvent dès lors prendre naissance et se développer à partir d'expériences personnelles éprouvées dans des situations hautement familières et récurrentes (e.g., Greenwald et Banaji, 1989). Aussi, scolarisés depuis plusieurs années, de bons et de mauvais élèves issus de classes de quatrième et troisième de collège, c'est-à-dire insérés dans le système scolaire depuis presque dix ans, étaient susceptibles de posséder une représentation scolaire d'eux-mêmes présentant les propriétés d'un schéma de Soi sur cette dimension. En utilisant le paradigme de Markus (1977), nous avons pu (Martinot et Monteil, 1995a) mettre en évidence ce type de représentation. Plus précisément, nous avons pré-sélectionné des élèves sur la base de leur niveau scolaire (fort ou faible) et nous leur avons fait passer une tâche de jugements autodescriptifs et une tâche de rappel comportemental (*cf. supra* exp. de Markus). Nos résultats rendent compte de l'existence d'un schéma de Soi de réussite scolaire. Les données enregistrées chez les élèves de bon niveau montrent en effet que ces derniers estiment plus de traits représentatifs de la réussite scolaire (e.g., attentif, appliqué) comme étant autodescriptifs et ils le font plus rapidement que lorsque leurs jugements autodescriptifs portent sur des traits relatifs à l'échec scolaire (e.g., inattentif, paresseux). Ces bons élèves se qualifient également avec plus de traits reliés à la réussite que les élèves de faible niveau, et ce, dans un temps plus court. De plus, ils récupèrent en mémoire davantage de souvenirs comportementaux illustratifs de la réussite scolaire que de souvenirs corroborant l'échec. Là encore, ces bons élèves rapportent plus de souvenirs reliés à la réussite que les élèves faibles. Inversement, ces derniers récupèrent plus de souvenirs d'échec scolaire que les bons élèves. L'ensemble de ces données enregistrées chez les bons élèves, en montrant une facilitation dans le traitement de l'information reliée à la réussite et dans la récupération de souvenirs comportementaux de réussite, illustre les propriétés d'un schéma de Soi de réussite scolaire. En revanche, on serait tenté de dire : heureusement, les résultats enregistrés chez les élèves de faible niveau scolaire n'indiquent pas de facilitation du traitement de l'information liée à l'échec scolaire. Ils alimentent au contraire l'hypothèse d'une certaine tendance à l'autovalorisation (*cf.* Brown, Collins et Schmidt, 1988; Brown et Gallagher, 1992). Ces élèves de niveau faible, certes dans une moindre mesure que les bons élèves, se décrivent plus rapidement et en plus grande quantité avec des traits relatifs à la réussite scolaire qu'avec des traits relatifs à l'échec. Ce résultat est en cohérence avec certains travaux montrant que les schémas de Soi affectent l'accessibilité des catégories cognitives en rendant les auto-attributs désirables plus accessibles (*cf.* Lewicki 1984). Toutefois, en rappelant davantage de comportements illustratifs de l'échec que les bons élèves, les sujets scolairement faibles semblent bien présenter au moins l'une des propriétés d'un schéma d'échec : celle liée à la composante autobiographique. De plus, en nous intéressant à des élèves sortis du système scolaire classique et orientés vers une filière professionnelle (CAP et BEP), nous avons pu montrer (Martinot et Monteil, 1995a, exp. 2) qu'un échec scolaire récurrent et prolongé pouvait avoir d'importantes répercussions sur le concept de Soi. Dans cette seconde recherche, nous avons constaté que, pour ces élèves qui ont échoué dans une filière scolaire classique, ce qui se rapporte à l'échec est devenu plus accessible que ce qui est en rapport avec la réussite. Ces sujets sont plus rapides pour estimer autodescriptif un trait relatif à l'échec qu'un trait relié à la réussite. Toutefois, on observe aussi chez ces sujets une tendance à la valorisation de Soi : ils s'attribuent plus de traits illustratifs de la réussite scolaire que de traits représentatifs de l'échec. En fait, ces élèves en échec posséderaient des liens entre leur concept de Soi et certains éléments liés à la réussite scolaire, tout en présentant dans le même temps des liens plus forts entre leur concept de Soi et des éléments liés à l'échec scolaire.

Ces résultats nous ont conduits à pousser plus loin nos recherches sur le rôle des schémas de Soi dans le champ scolaire. Nous nous sommes ainsi attachés, dans une troisième expérience (Martinot et Monteil, 1995b), à comprendre comment les schémas de Soi interviennent dans le fonctionnement de sujets confrontés à diverses situations expérimentales dotées de fortes significations scolaires. De telles situations avaient déjà été réalisées dans d'autres recherches qui avaient montré que les performances cognitives des sujets peuvent être profondément affectées par la manipulation du contexte (voir Monteil, 1988, 1991 ; Monteil et Huguet, 1993). Dans cette troisième expérience (Martinot et Monteil, 1995b), les élèves, toujours pré-sélectionnés sur la base de leur niveau scolaire (très bon ou très faible), réalisaient une tâche-leurre pouvant passer pour un exercice de mathématiques aussi bien que de dessin, puis faisaient publiquement l'objet d'une attribution arbitraire de réussite ou d'échec. Ils étaient réunis par groupes de trois ou quatre, et leur score leur était publiquement annoncé. L'ensemble des sujets était ensuite soumis, comme dans les deux premières expériences, à une tâche de jugements autodescriptifs. Les résultats obtenus montrent que les bons élèves dont nous savons qu'ils possèdent un schéma de

Soi de réussite scolaire (*cf. supra*) sont sensibles à l'attribution d'échec. Lorsqu'on leur attribue de l'échec en mathématiques, ils deviennent en effet plus lents pour estimer autodescriptif un trait lié à l'échec, ce qui n'est pas observé lorsqu'ils subissent la même attribution d'échec sur du dessin. Sur une discipline prestigieuse (les mathématiques), les bons élèves se protégeraient des informations incongruentes avec leur schéma scolaire. Ainsi, confrontés à une évaluation négative dans une discipline prestigieuse, ces derniers hésiteraient à se définir par l'échec, hésitation marquée par des latences d'autodescription plus longues en mathématiques qu'en dessin. L'importance de l'enjeu disciplinaire étant susceptible de menacer leur schéma de réussite, les sujets résisteraient à l'information contre-schématique. Aussi s'efforceraient-ils de maintenir consistance et stabilité, d'ignorer ou rejeter les évaluations qui ne leur sont pas familières, signant par là même l'existence d'un véritable schéma de Soi de réussite scolaire. Le comportement de ces bons élèves suggère l'importance de la connaissance et de la représentation de Soi pour gérer des renforcements situés sur une échelle de valeurs sociales. De plus, si, en raison d'une forte tendance à l'autovalorisation, tous les sujets demeurent plus prompts à se juger positivement que négativement, et ce, quelles que soient les conditions expérimentales, le simple fait de rendre saillant le contexte scolaire (faire une attribution évaluative sur une dimension scolaire) se traduit cependant chez les élèves de niveau faible par une augmentation du choix des traits correspondant à l'échec dans les jugements autodescriptifs. Autrement dit, le rappel de leur position ou état scolaire par une attribution évaluative publique, quelle qu'elle soit (positive ou négative), les conduit à s'attribuer significativement plus de traits relatifs à l'échec que les sujets à schéma de réussite scolaire.

Cet ensemble de recherches permet d'envisager des expériences utilisant des facettes spécifiques du schéma de Soi scolaire comme variables indépendantes ou variables prédictives qui conduiraient au développement de programmes pour enfants et adolescents dans le but d'aider à améliorer les performances scolaires. Si, dans un premier temps, le schéma de Soi scolaire paraît être un des « effets » de la réussite scolaire, il peut devenir par la suite une des « causes » de celle-ci et ne saurait donc être négligé comme objet d'étude dans le domaine de l'instruction.

Conclusion : que sont finalement capables de faire des individus avec un schéma de Soi ?

De leur série d'expériences, Markus et ses collaborateurs (1977 ; Markus et Smith, 1981 ; Markus, Smith et Moreland, 1985) ont extrait les propriétés d'un schéma de Soi. Il apparaît ainsi que les individus ayant des schémas dans des domaines particuliers sont facilement capables, en rapport avec l'un de ces domaines :

– d'évaluer de nouvelles informations,

– de traiter l'information sur Soi (e.g., émettre des jugements et décisions) avec facilité ou certitude,

– de récupérer des preuves comportementales,

– de prédire de futurs comportements sur cette dimension, et

– de résister aux informations qui vont à l'encontre du schéma dominant.

Nous avons pu également constater que les constructions sur Soi et sur autrui peuvent être envisagées comme étant un répertoire de schémas de Soi. Ces schémas de Soi sont utilisés pour évaluer, organiser et réguler les expériences et actions. Ils sont des modèles de nos comportements passés aussi bien que de nos comportements actuels et futurs. Markus et Wurf (1987) appellent cet assortiment de schémas d'autorégulation le système du Soi. Ce système contribue à la régulation des processus intrapersonnels comme le traitement de l'information en rapport à Soi et à la régulation des processus interpersonnels comme la perception d'autrui. Ainsi, les différences individuelles quant au choix d'un comportement seraient le reflet de différences individuelles au sein de la structure du Soi.

Conclusion sur le Soi dans le traitement de l'information

D'une manière plus générale, quels éléments pouvons-nous retirer des recherches portant sur le rôle du Soi dans le traitement de l'information ?

Il apparaît clairement que les individus présentent une sensibilité élevée aux stimuli qui les concernent :

– Bargh (1982), par exemple, note que les adjectifs pertinents pour Soi (traits qui sont très descriptifs de l'individu) perturbent l'activité des sujets durant un test d'écoute dichotique alors même que ces sujets sont censés ignorer ces adjectifs.

– Nuttin (1985) met en évidence l'effet Lettre-Nom, c'est-à-dire la tendance qu'ont les individus à préférer les lettres de leur nom sans avoir conscience que ces lettres sont dans leur nom.

– De nombreuses recherches (e.g., Markus, 1977) montrent que les stimuli qui sont fortement autodescriptifs sont traités rapidement et avec confiance.

– Il apparaît également que les stimuli encodés en rapport à Soi sont mieux rappelés et mieux reconnus.

– Les individus font avec une grande confiance des prédictions comportementales, des attributions et des inférences dans des domaines pertinents pour leur Soi (e.g., Markus, Smith et Moreland, 1985).

– Enfin, il semble que les individus résistent à l'information incongruente avec les éléments contenus dans la structure du Soi.

En conséquence, le Soi peut être considéré comme étant une structure de connaissance bien organisée. Cette structure interne est facilement accessible, influence les processus sélectifs et est utilisée pour organiser, catégoriser ou interpréter l'information sur autrui. Elle est l'ossature à partir de laquelle nous guidons l'interprétation et la régulation de nos propres expériences sociales.

Par ailleurs, les éléments rapportés dans ce chapitre, dans la mesure où ils mettent en évidence les liens entre le Soi et la mémoire, confirment que la recherche sur le Soi est désormais enracinée dans le domaine des sciences empiriques. Toutefois, ils relèvent d'une vision encore largement imprécise du Soi et de ses propriétés. La métaphore du Soi comme structure cognitive n'est ainsi pas admise par tous les théoriciens du Soi (e.g., Greenwald, Bellezza et Banaji, 1988). Cette conception demeure l'objet d'un débat entre ses partisans (e.g., Markus, 1977; Rogers, 1981) et ceux qui mettent en avant des données susceptibles de la réfuter (e.g., Higgins, Van Hook et Dorfman, 1988).

Si l'on considère les caractéristiques que doivent posséder des attributs pour former une structure (e.g., la familiarité, la fréquence d'utilisation), nous avons pu voir, tout au long de ce troisième chapitre, que les attributs qualifiant le Soi étaient fortement familiers et fréquemment employés. Si l'on considère les effets que produit une structure cognitive sur les éléments qui lui appartiennent (e.g., facilitation de la récupération, résistance au changement, utilisation efficace), là encore de nombreuses études présentées ont montré que les attributs qualifiant le Soi étaient facilement récupérés en mémoire, résistants au changement, efficacement utilisés, etc. Enfin, par définition, tous les attributs qualifiant le Soi ont en commun une association avec le nœud-Soi ou le Soi en tant que catégorie centrale, ce qui laisse supposer l'existence d'une unité cognitive minimale comprenant des associations indirectes.

Mais, bien que toutes ces propriétés des attributs qualifiant le Soi corroborent l'hypothèse qui fait du Soi une structure cognitive, elles n'impliquent pas que ces attributs soient directement connectés entre eux. Or, pour que des unités d'information ou de connaissance forment une structure cognitive, elles doivent être organisées par des relations régulières ou des connexions entre les différents éléments. Même s'il est clair que les attributs propres au Soi possèdent des propriétés cognitives et motivationnelles basiques, il n'est pas pour autant évident qu'ils forment une unité cognitive organisée. Malheureusement, les travaux qui ont tenté de tester l'hypothèse de l'existence de connexions entre tous les traits caractérisant le Soi n'ont, pour l'instant, pas permis d'apporter une clarification définitive (e.g., Higgins *et al.*, 1988). Par ailleurs, de nombreux auteurs, bien que conscients du fait qu'il est possible d'expliquer tous les effets mnésiques se rapportant au Soi sans faire référence à une structure cognitive « Soi », préfèrent – sans doute par souci d'économie cognitive – interpréter l'ensemble de ces résultats en considérant que le Soi fonctionne comme une structure cognitive.

En conclusion, même s'il semble raisonnable, voire sérieux, d'envisager que le Soi est une structure cognitive, la conclusion la plus appropriée devant l'ambiguïté de la littérature est de considérer cette question comme encore largement ouverte.

POUR EN SAVOIR PLUS

Le Soi en mémoire

Kihlstrom, J. F., Cantor, N., Albright, J. S., Chew, B. R., Klein, S. B. et Niedenthal, P. M. (1988). Traitement de l'information et étude du soi. In M. Piolat, M.-C. Hurtig, et M.-F. Pichevin (Eds.). *Le Soi : Recherches dans le champ de la cognition sociale. Textes de base en psychologie* (p. 205-248). Neuchâtel : Delachaux et Niestlé.

Greenwald, A. G., et Banaji, M. R. (1989). The self as a memory system : powerful and ordinary. *Journal of Personality and Social Psychology, 57*, 41-54.

L'effet de référence à soi

Klein, S. B., et Loftus, J. (1988). The nature of self-referent encoding : The contributions of elaborative and organizational processes. *Journal of Personality and Social Psychology, 55*, 5-11.

Rogers, T. B., Kuiper, N. A., et Kirker, W. S. (1977). Self-reference and the encoding of personal information. *Journal of Personality and Social Psychology, 35*, 677-688.

Le Soi dans le traitement de l'information sur autrui

Markus, H. R., et Smith, J. (1981). The influence of self-schemata on the perception of others. In N. Cantor et J. Kihlstrom (Eds.), *Personality, cognition, and social interaction* (p. 233-262). Hillsdale, NJ : Erlbaum.

— Pour le Soi comme point de référence

Codol, J.-P. (1984a). « La perception de la similitude interpersonnelle : influence de l'appartenance catégorielle et du point de référence de la comparaison », *L'Année psychologique*, 84, p. 43-56.

Codol, J.-P. (1984b). « L'asymétrie de la similitude perçue entre des personnes diversement stéréotypées ». *Cahiers de psychologie Cognitive*, 4, p. 605-610.

Codol, J.-P. (1984c). « Quand Dupont ressemble à Dupond plus que Dupond à Dupont. L'asymétrie de la similitude perçue entre personnes semblables ». *Psychologie française*, 29, p. 284-290.

Codol, J.-P. (1986). « Estimation et expression de la ressemblance et de la différence entre pairs ». *L'Année psychologique*, 86, p. 527-550.

Holyoak, K.-J. et Gordon, P.-C. (1992). « Les points de référence sociaux ». In M. Piolat, M.-C. Hurtig et M.-F. Pichevin (Eds.). *Le Soi : Recherches dans le champ de la cognition sociale. Textes de base en psychologie*, p. 169-188. Neuchâtel : Delachaux et Niestlé.

Les schémas de Soi

Markus, H.-R. (1992). « Self-schemas et traitement de l'information sur soi ». In M. Piolat, M.-C. Hurtig et M.-F. Pichevin (Eds.). *Le Soi : Recherches dans le champ de la cognition sociale. Textes de base en psychologie*, p. 77-112. Neuchâtel : Delachaux et Niestlé.

Martinot, D. et Monteil, J.-M. (1995). « Insertions scolaires et représentations de soi : Etude expérimentale ». In J.-L. Beauvois, R.-V. Joule et J.-M. Monteil (Eds.). *Perspectives cognitives et conduites sociales*. Vol. 5. Neuchâtel : Delachaux et Niestlé.

Chapitre 4

Exercices

Exercices sur le chapitre 1

Exercice 1

Citez au moins trois personnages importants dans l'histoire des théories sur le Soi.

Essayez de ne recourir aux indices qu'en cas de difficulté. Attention, ils sont dans le désordre et peuvent comporter des pièges.

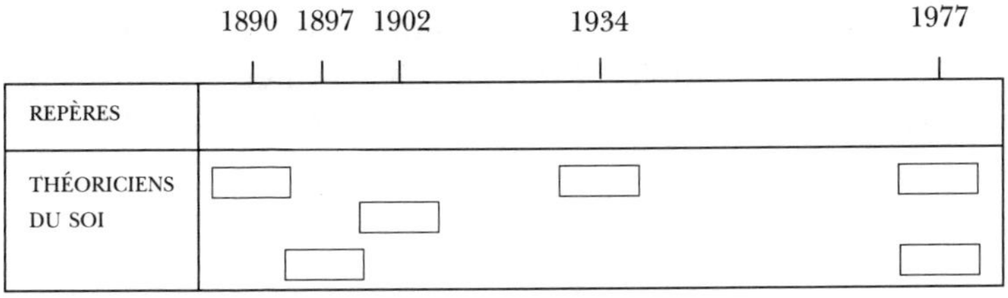

Indices:

Allport, Baldwin, Cooley, James, Markus, Mead, Rogers, Sherif, Wylie

Exercice 2

auteurs	aspects du soi	définitions
James	soi matériel soi social soi connaissant	
Baldwin	ego alter	
Mead	Je Moi	

Définissez brièvement chaque aspect du Soi social.

Exercice 3

Veuillez associer chacun des aspects du Soi social, repéré par une lettre, à l'un des théoriciens, identifié par un chiffre.

aspects du Soi: A- Je ; B- Soi agent ; C- ego ; D- moi ; E- Soi objet ; F- Soi-miroir ; G- alter.

théoriciens: 1- Cooley ; 2- James ; 3- Mead ; 4- Baldwin.

Exercice 4

Dans quels domaines les auteurs cités dans la fresque historique ont-ils contribué au développement de l'étude du Soi social ?

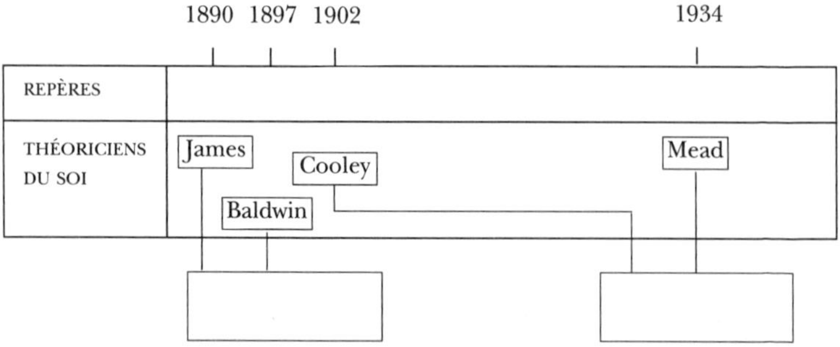

Exercice 5

Attention : exercice inverse du 2 (à ne pas faire le même jour).

Retrouvez les auteurs et les aspects du Soi correspondant aux caractéristiques décrites.

auteurs	aspects du soi	définitions
		tou ce qui m'est propre
		la reconnaissance qu'ont mes amis de moi
		ma conscience momentanée
		les pensées que nous avons sur nous-mêmes
		les pensées que nous avons sur les personnes que nous connaissons
		réaction de l'organisme aux attitudes des autres
		ensemble organisé des attitudes des autres que l'on assume soi-même

Exercice 6

	Théoriciens	Caractéristiques
approche interactionniste	Mead Gergen	
approche cognitive	Markus Rogers Greenwald	

Citez une ou deux caractéristiques de chaque courant théorique.

Exercice 7

Citez une ou deux caractéristiques de chaque composante du Soi.

	Théoriciens	Caractéristiques
composante cognitive	Greenwald Markus	
composante affective	Baumeister Brown Kunda	
composante comportementale	Ruvolo Schlenker	

Exercice 8

Aspects du soi	Caractéristiques
	correspond à la façon dont les individus décident de ce qu'ils sont traite les évaluations de soi par autrui prête attention aux caractéristiques qui distinguent d'autrui
	correspond à la façon dont les individus évaluent leurs autoconceptions tendance à se comparer à autrui de manière avantageuse
	correspond à la façon dont les individus deviennent conscients d'eux-mêmes correspond aux efforts que nous faisons pour contrôler l'impression que nous allons donner

Citez les composantes du Soi correspondant aux caractéristiques décrites.

Exercice 9

Exercice inverse du 6 (à ne pas faire le même jour).

Citez les grands théoriciens et les courants auxquels ils appartiennent.

	Théoriciens	Caractéristiques
		centration sur le rôle des interactions sociales, du langage et des communications interpersonnelles dans la formation et les actions du soi rejet de la méthode expérimentale
		centration – sur l'organisation de la connaissance sur soi – sur la façon dont les individus traitent l'information en rapport à soi

Exercices sur le chapitre 2

Exercice 1

Veuillez associer chacune des propositions suivantes sur le concept de Soi et l'estime de Soi, repérée par une lettre, à la conception qui la sous-tend, identifiée par un chiffre.

Propositions sur le Soi: **A.** le concept de Soi est imperméable aux conditions sociales sous lesquelles les sujets sont amenés à traiter l'information qui se rapportent à eux; **B.** les individus sont universellement motivés pour maintenir une vue positive d'eux-mêmes; **C.** le concept de Soi est socialement construit; **D.** les individus réécrivent souvent leur histoire personnelle pour supporter une vue de Soi habituelle; **E.** il existe un Soi phénoménal qui reflète les changements temporaires des auto-évaluations des individus; **F.** les circonstances sociales font que certaines conceptions de Soi, et pas d'autres, sont accessibles en pensée et en mémoire; **G.** il existe des schémas de Soi; **H.** la stabilité observée sur des descriptions générales de Soi masque des variations locales significatives; **I.** il existe un concept de Soi de travail; **J.** une expérience sociale peut entraîner une révision d'une conception de Soi positive; **K.** le concept de Soi est une entité dispositionnelle.

Conceptions: 1- le concept de Soi est malléable; 2- le concept de Soi est stable; 3- le concept de Soi est à la fois stable et malléable; 4- l'estime de Soi est stable; 5- l'estime de Soi est instable

Exercice 2

Markus et Kunda (1986) ont mené une expérience sur le Soi en faisant varier l'environnement social. Dans ce but, elles ont créé une situation dans laquelle elles annonçaient aux sujets qu'ils étaient soit très uniques soit très similaires aux autres. A la suite de cette manipulation, les sujets répondaient à une série de mesures sur le concept de Soi. Ils devaient ainsi juger de l'aspect autodescriptif ou non de mots issus d'une liste qui leur était proposée. Les variables dépendantes étaient: le nombre de mots représentatifs de la similarité et de l'unicité jugés autodescriptifs et les latences de réponse nécessaires à l'émission de ces jugements.

Voici quelques résultats tirés de cette expérience:

Tableau 1
Nombre moyen de mots reliés à la similarité et à l'unicité estimés autodescriptifs par les sujets:

	sujets avec sentiment d'unicité	sujets avec sentiment de similarité
nombre de mots correspondant à la similarité jugés autodescriptifs	5,5	6
nombre de mots correspondant à l'unicité jugés autodescriptifs	6,8	6,2

Note: les moyennes ne présentent aucune différence significative.

Tableau 2
Latence moyenne de réponse en millisecondes des sujets pour juger les mots reliés à la similarité et à l'unicité autodescriptifs :

	sujets avec sentiment d'unicité	sujets avec sentiment de similarité
latence de réponse sur les mots jugés autodescriptifs reliés à la similarité	2370a	2500b
latence de réponse sur les mots jugés autodescriptifs reliés à l'unicité	2400c	2190d

Les moyennes, identifiées par des lettres, sont statistiquement différentes de la façon suivante : a<b, c>d avec p<.05.

1) Décrivez et commentez ces résultats.

2) Le Soi semble-t-il affecté par les inductions expérimentales ?

En cas de difficulté sur cet exercice, se référer au chapitre 2, sous-chapitre « Le concept de soi : la composante cognitive du Soi », paragraphe « Le concept de Soi : un concept à la fois stable et malléable ».

Exercice 3

Bylsma, Tomaka, Luhtanen, Crocker et Major (1992) ont mené une recherche sur les jugements auto-évaluatifs. Pour cela, ils ont utilisé une tâche de décision lexicale d'association de mots par paires destinée à évaluer les changements temporaires dans les auto-évaluations. Les sujets de cette recherche reçoivent d'abord de la part d'un compère un renforcement soit positif, soit négatif, ou pas de renforcement. Plus précisément, les sujets sont amenés à croire qu'un autre étudiant (un compère de l'expérimentateur) s'est formé une impression d'eux favorable, défavorable ou pas d'impression. On leur présente ensuite un premier mot (l'amorce) appartenant à une catégorie en rapport à Soi, une catégorie d'objet (*i.e.*, la maison), ou une catégorie de personnes (*i.e.*, un individu autre que le Soi). Ces mots-amorces sont suivis immédiatement par des adjectifs descriptifs qui sont soit non évaluatifs (neutres) (e.g., affamé, fatigué), soit conceptuellement reliés à des auto-évaluations positives (e.g., compétent) ou négatives (e.g., indigne). Les premiers mots utilisés (ou amorces) sont « moi-même » pour activer les conceptions de Soi, « Carson » (Johnny Carson est aux Etats-Unis l'équivalent de Michel Drucker en France) pour activer les conceptions d'une personne autre que Soi, « maison » pour activer une conception d'objet. Les sujets ont pour consigne de décider si le second mot de la paire proposée peut toujours décrire le premier mot (l'amorce). Pour chaque type de paires amorce/catégorie d'adjectifs (e.g., moi-même-positif, Carson-neutre), on enregistre la latence de réponse qui s'écoule entre la présentation du deuxième mot de la paire et la réponse du sujet.

Les auteurs prédisent que, par rapport à la condition sans renforcement, les latences de réponse des sujets à des paires positives pour Soi seront plus courtes après un renforcement positif mais plus longues après un renforcement négatif. A l'inverse, ils attendent que les latences de réponse pour des paires négatives pour Soi seront plus courtes après un renforcement négatif et plus longues après un renforcement positif, toujours par rapport à la condition sans renforcement. Aucune attente n'est formulée sur les latences de réponse pour des paires neutres pour Soi.

Voici une partie des données enregistrées lors de cette expérience :

Latence de réponse moyenne en millisecondes
par condition de renforcement, amorce,
et catégorie d'adjectifs :

	adjectifs			adjectifs		
	positif	neutre	négatif	positif	neutre	négatif
renforcement	moi-même			Carson		
Positif	702a	752	853	808	854	744
Sans	1,001	826	775	636	746	950
Négatif	1,209b	769	762	806	742	999

Seules les moyennes avec des lettres sont statistiquement différentes : a<b avec p<.05.

1) Décrivez et commentez les résultats au regard de l'hypothèse.

2) Quel est le rôle des amorçages Carson et maison ?

3) En vous basant sur vos connaissances relatives à l'instabilité de l'estime de Soi, envisagez une explication pour ces résultats.

En cas de difficulté sur cet exercice, se référer au chapitre 2, sous-chapitre « L'estime de Soi : la composante affective du Soi », paragraphe « Instabilité et estime de Soi ».

Exercice 4

Trois chercheurs, Schlenker, Dlugolecki et Doherty (1994) ont mené une recherche dans le but de savoir si le fait de devoir se présenter publiquement d'une certaine façon était susceptible d'influencer un comportement subséquent. Voici grossièrement le contexte expérimental de leur expérience.

Dans le pseudo-cadre d'une recherche sur l'évaluation de la personnalité, l'expérimentateur demande à certains sujets de se présenter comme fortement sociables à une personne qui va les interroger sur différents aspects de leur personnalité (condition autoprésentation). D'autres sujets n'anticipent pas d'entretien (condition sans présentation). Plus précisément :

– aux sujets de la condition d'autoprésentation, on demande s'ils acceptent de jouer le rôle de quelqu'un de très sociable face à une personne qui va les interroger. Tous les sujets ayant accepté, on les conduit ensuite dans une pièce où un enquêteur leur pose une série de questions générales sur leur personnalité ;

– aux sujets de la condition sans présentation, on précise que l'entretien ne pourra pas avoir actuellement lieu mais on leur demande s'ils veulent bien répondre malgré tout à un certain nombre de questions.

A la suite de cela, la sociabilité est mesurée à l'aide des réponses au questionnaire et durant une interaction avec un compère. Plus précisément, après avoir rempli le questionnaire, les sujets sont invités à attendre, dans une autre salle, le retour de l'expérimentateur appelé (soi-disant) pour un renseignement urgent. Dans cette salle, les sujets ont la possibilité d'avoir une interaction avec un compère de l'expérimentateur. Cette interaction est filmée et son enregistrement est ensuite codé par deux juges en fonction des dimensions suivantes : le temps qui s'écoule avant que le sujet ne prenne la parole, le nombre de verbalisations du sujet durant l'interaction et le temps total que le sujet a passé à verbaliser durant l'interaction.

Les résultats obtenus sont les suivants :

Auto-estimation moyenne de sociabilité
sur la base des réponses au questionnaire

Condition	sociabilité
autoprésentation	21,2a
sans présentation	19,9b

Note : les estimations pouvaient être rangées de 5 à 25 ; les nombres plus élevés indiquent une sociabilité plus importante.

Note : a>b avec p<.05.

Comportements de sociabilité
des sujets durant l'interaction

Condition	première verbalisation	durée de la verbalisation	nombre de verbalisation
autoprésentation	31,3a	84,4c	20,5e
sans présentation	56,1b	58,9d	16,6f

Les moyennes, identifiées par des lettres, sont statistiquement différentes de la façon suivante : a<b avec p<.05 ; c>d avec p<.01, e>f avec p<.08.

1) Donnez une définition de l'autoprésentation.

2) Décrivez et commentez les tableaux de résultats.

3) Citez les résultats d'une autre expérience qui permettent d'affiner ceux présentés ci-dessus.

En cas de difficulté sur cet exercice, se référer au chapitre 2, sous-chapitre « La présentation de Soi : la composante comportementale du Soi », paragraphe « Auto-présentation, auto-évaluation et croyances sur Soi ».

Exercice 5

Dans leur recherche de 1992, Ruvolo et Markus se sont proposées d'examiner les effets d'une manipulation d'imagerie sur la performance. Leur travail est décomposé en deux parties, chacune mesurant la performance d'une façon différente. La recherche A recourt à une tâche de persistance pour évaluer la performance alors que la recherche B s'intéresse à l'effort comme mesure de la performance. Ces deux parties comprennent les mêmes conditions expérimentales, au nombre de trois. Dans la première phase de ces deux recherches, les sujets :

1) pour un tiers d'entre eux, ils s'imaginent connaître un grand succès dans leur avenir ;

2) pour un autre tiers, ils s'imaginent connaître un grand échec dans leur avenir ;

3) pour le dernier tiers, ils reçoivent une induction d'humeur positive (un paquet de bonbons).

Dans la seconde phase de cette expérience, chaque sujet complète une tâche de difficulté moyenne, qui est soit une tâche de persistance (recherche A), soit une tâche d'effort (recherche B). Dans la tâche de persistance, on demande aux sujets de copier des nombres en utilisant leur main non dominante, et ce, jusqu'à ce qu'ils soient fatigués. On enregistre la somme de temps allouée à cette tâche. Pour la tâche d'effort, on présente aux sujets deux pages constituées de lignes de cinq groupes de vingt lettres. Les sujets ont alors quatre minutes pour passer en revue ces lettres et entourer chaque « e » contenu dans ces groupes de lettres. Le score de chaque sujet est alors calculé à partir du nombre de « e » correctement identifiés et du nombre de « e » manquants.

L'hypothèse des auteurs est que les sujets qui s'imaginent réussir auront de meilleures performances que les sujets qui s'imaginent échouer. Le groupe de contrôle avec induction d'humeur positive est introduit pour examiner si la supériorité de la performance du groupe à imagerie de réussite ne pourrait pas être due à des sentiments positifs qui accompagneraient la réussite imaginée, ou si cette amélioration de performance ne pourrait pas être aussi reliée à l'activation d'images spécifiques positives de Soi dans le futur.

Voici les tableaux des résultats obtenus :

Temps moyen de persistance en minutes
sur la tâche d'écriture, par condition

imagerie de succès	imagerie d'échec	humeur positive groupe de contrôle
6a	4,8b	5,5

Les moyennes identifiées par des lettres sont statistiquement différentes: a>b avec p<.04.

Pourcentage moyen correct sur la tâche
de repérage de lettres, par condition

imagerie de succès	imagerie d'échec	humeur positive groupe de contrôle
99a	97b	96,8c

Les moyennes, identifiées par des lettres, sont statistiquement différentes de la façon suivante : $a>b$ avec $p<.09$ et $a>c$ avec $p<.05$.

1) Construisez un diagramme en barre pour chaque tableau.

2) Décrivez et commentez les résultats à la lumière de l'hypothèse.

3) Comment pourrait-on expliquer la faible différence observée entre le groupe à imagerie positive et le groupe à imagerie d'échec pour la tâche d'effort ?

4) Que peut-on conclure des résultats du groupe à imagerie d'échec ?

En cas de difficulté sur cet exercice, se référer au chapitre 2, sous-chapitre « La présentation de Soi : la composante comportementale du Soi », paragraphe « Autoprésentation et performance : quelles relations ? »

Exercice 6 : Commentaire de texte

Extrait de l'article de Pelham (1991) : « Sur la confiance et la conséquence : la certitude et l'importance de la connaissance de Soi » (notre traduction).

« Peu de concepts de la psychologie sociale contemporaine sont aussi controversés, aussi évasifs que le concept de Soi. Par exemple, le concept de Soi est-il mieux caractérisé comme étant une attribution (Bem, 1972), un composant de la personnalité (G. W. Allport, 1961), ou un ensemble de schémas cognitifs (Markus, 1977) ? De la même façon, le concept de Soi peut-il être pleinement compris dans une perspective cognitive, ou est-il partiellement une entité affective ou "primitive" (Buss, 1980; Pelham et Swann, 1989) ? Le concept de Soi devrait-il être mesuré objectivement (e.g., Rosenberg, 1965), "spontanément" (McGuire et McGuire, 1981) ? Le concept de Soi est-il un aspect stable, durable de la personne (G. W. Allport, 1961; Rosenberg, 1979), ou est-il une construction "situationnelle" (e.g., Fazio, Effrein et Falender, 1981; Morse et Gergen, 1970) ? Le concept de Soi possède-t-il des propriétés motivationnelles? Si c'est le cas, que veut-il: une éloge non falsifiée et "valorisante" (e.g., Baumgardner, Kaufman et Levy, 1989) ou le son familier de la "consistance" à n'importe quel prix (e.g., Aronson et Carlsmith, 1962; Singer, 1966; Swann, 1983) ?

Dans cet article, il est suggéré qu'il y a une part de vérité dans les propositions sous-tendant chacune de ces questions. Autrement dit, le concept de Soi est à la fois une attitude, une attribution et un ensemble de schémas. Il est à la fois cognitif et affectif, à la fois stable et instable, à la fois achevé et évolutif. Il est toutes ces choses exactement comme une personne peut être à la fois un brillant intellectuel, un artiste turbulent, un athlète doué et un "handicapé" social (James, 1890). Se rapportant davantage à la thèse défendue ici, le concept de Soi est toutes ces choses non seulement parce que les individus possèdent de nombreuses croyances différentes sur eux-mêmes mais aussi parce que les individus accordent des significations différentes à leurs différentes vues de Soi. De nombreux chercheurs s'accorderaient probablement avec le fait que les individus possèdent non seulement de nombreuses vues de Soi, mais qu'ils possèdent également des "investissements" épistémiques et émotifs dans ces vues de Soi. En d'autres termes, les vues de Soi spécifiques sont non seulement considérées avec des degrés variables de *confiance par la personne*, mais elles sont aussi considérées avec des degrés variables de *conséquence pour la personne*. Mais presque un siècle de spéculation et de recherche a échoué à dégager une structure irréprochable pour comprendre ces formes alternatives d'investissement. Les chercheurs ne comprennent pas, par exemple, comment ces deux types d'investissement se développent, et ils viennent seulement de commencer à explorer leurs implications pour les vues de Soi auxquelles ils sont attachés. » (1991, p. 518, notre traduction.)

Commentez cet extrait d'article en vous appuyant sur les différents éléments développés dans les trois premiers chapitre du livre.

— Quelques repères pour la compréhension

• *Le concept de Soi comme étant :*
– *une attribution*: pour Bem (1972), les individus apprennent sur eux-mêmes de la même façon qu'ils le font pour des personnes extérieures – en regardant leur propre comportement ;
– *un composant de la personnalité*: le Soi est une entité dispositionnelle ;
– *un ensemble de schémas cognitifs*: généralisations sur Soi contenant des informations spécifiques sur les expériences passées et les caractéristiques de la personne (voir plus spécifiquement dans le chapitre 3, le sous-chapitre sur *les schémas de Soi*).

• *Perspective cognitive*: dans cette perspective, certaines représentations de Soi sont organisées dans des structures contenant à la fois une base de connaissances bien élaborée et des règles de production pour savoir comment se comporter dans certains types de conditions. D'autres conceptions sont plus provisoires, construites sur le lieu d'une interaction sociale particulière (voir plus spécifiquement le paragraphe sur *l'approche cognitive du Soi* dans le sous-chapitre « Explosion de l'intérêt pour le Soi » du chapitre 1).

• *Entité affective ou « primitive »*: entité d'évaluation de Soi (voir plus spécifiquement, dans le chapitre 2, le sous-chapitre sur l'estime de Soi : la composante affective).

• *Le concept de Soi spontané* versus *objectif*: le concept de Soi spontané est appréhendé en demandant aux sujets de rapporter leurs « concepts de Soi spontanés », c'est-à-dire de décrire leurs pensées sur eux-mêmes en l'absence d'instructions spécifiques? (e.g., McGuire et McGuire, 1981). Au contraire, le concept de Soi objectif est mesuré sur des dimensions fixées au préalable par les chercheurs. Les sujets doivent se qualifier par rapport à ces dimensions (e.g., leurs qualités), estimer la certitude qu'ils ont en leur jugement, et l'importance qu'ils accordent à ces dimensions. Ceci permet de déterminer non seulement les vues de Soi des individus mais aussi les investissements (importance et certitude) de ces derniers sur leurs vues de Soi.

• *Le Soi est une construction situationnelle*: l'idée que le Soi est une construction sociale suggère que le concept de Soi ne serait pas immuable.

• *Investissements épistémiques* (*i.e.*, rationnels et informationnels) *et émotifs* (*i.e.*, motivationnels et émotionnels) : les investissements des individus quant à leurs vues de Soi correspondent à trois composantes essentielles: les croyances des individus sur eux-mêmes, la certitude qu'ils ont de ces croyances, et l'importance qu'ils accordent à ces croyances. La *certitude* des vues de Soi des individus est associée à la somme et à la consistance des informations qu'ils croient avoir sur eux-mêmes sur une dimension donnée. Elle reflète les investissements épistémiques. L'*importance* accordée aux croyances est reliée aux buts et ambitions personnelles et à la somme de satisfaction que les individus reçoivent en s'engageant dans des activités en rapport avec une vue de Soi particulière. Elle correspond aux investissements émotifs.

Exercices sur le chapitre 3

Exercice 1

Dans une expérience dont l'objectif est de tester l'effet d'une information traitée en rapport à Soi sur le rappel, l'expérimentateur propose aux sujets une liste de trente noms. Chaque nom est inscrit en lettres capitales au centre d'une carte. Trois tâches différentes sont proposées aux sujets :

– à un tiers des sujets, l'expérimentateur propose une tâche de définition, c'est-à-dire qu'il leur demande de penser à une définition pour chaque mot présenté ;

– un autre tiers est soumis à une tâche de catégorisation. L'expérimentateur donne à chaque sujet une feuille de papier avec cinq noms de catégories imprimés dessus. Il demande alors aux sujets de placer chaque mot de la liste proposée dans la catégorie appropriée ;

– enfin, au dernier tiers, l'expérimentateur propose une tâche d'autoréférence. Il demande aux sujets d'indiquer pour chaque mot s'il réfère à une importante expérience personnelle en entourant « oui » ou « non » sur la feuille de réponse. Autrement dit, cette dernière tâche exige de la part du sujet une recherche en mémoire d'événements autobiographiques en rapport avec les mots proposés.

L'ensemble des sujets est ensuite soumis à une tâche de distraction pendant trois minutes. Finalement, les sujets doivent répondre à un test inattendu de rappel libre. Chaque sujet a alors cinq minutes pour écrire dans n'importe quel ordre autant de mots issus de la liste précédente qu'il peut se rappeler.

Les résultats obtenus sont les suivants :

Nombre moyen de mots rappelés
en fonction du type de tâches :

définition	catégorisation	autoréférence
15,00a	16,07a	18,21b

Les moyennes avec des lettres différentes sont statistiquement différentes : $a<b$ avec $p<.05$.

1) Commentez les résultats

2) Comment se nomme l'effet mis en évidence ?

3) Que peut-on en conclure quant au rôle du Soi dans le traitement de l'information ?

En cas de difficulté sur cet exercice, se référer au chapitre 3, deuxième sous-chapitre.

Exercice 2

Dans leur première expérience de 1983, Holyoak et Gordon ont demandé à des sujets d'émettre un jugement portant sur la similarité entre eux-mêmes et un ami à propos de diverses dimensions descriptives de personnes. La moitié des sujets devait effectuer cette estimation en se prenant soi-même comme point de référence, l'autre moitié prenait un ami comme point de référence. Plus précisément, l'ensemble des sujets devait penser à un ami de même sexe qui leur était cher. Puis, pour la moitié d'entre eux, ils devaient évaluer leur similarité à cet ami, c'est-à-dire de Soi à un ami (e.g., est-ce que je ressemble à cet ami?). L'autre moitié effectuait l'évaluation inverse, c'est-à-dire ils estimaient la similarité d'un ami à Soi (e.g., est-ce que cet ami me ressemble?). Ces évaluations avaient lieu sur dix dimensions, à l'aide d'une échelle en neuf points (9 correspondant à la similarité maximale). Cinq des dimensions portaient sur des traits de personnalité en relation avec la sociabilité (par exemple la timidité) et cinq sur des dimensions physiques (par exemple le poids).

Voici quelques extraits des résultats obtenus:

Asymétrie de la similarité entre Soi et un ami
pour des dimensions sociales et physiques:

	d'un ami à Soi	de Soi à un ami	
Types de dimensions	Moyenne	Moyenne	Asymétrie
Sociales	6.20a	5.82b	0.38
Physiques	6.21a	5.74b	0.47

Les moyennes avec des lettres différentes sont statistiquement différentes: a>b avec p<.01.

1) Quels sont les deux objectifs principaux des auteurs dans cette recherche?

2) Décrivez et expliquez ces résultats.

3) Quelle conclusion peut-on en tirer?

En cas de difficulté sur cet exercice, se référer au chapitre 3, sous-chapitre « Le soi dans le traitement de l'information sur autrui », paragraphe « Le Soi comme point de référence ».

Exercice 3

Dans une expérience de 1977, Markus a sélectionné, pour participer à une expérience, trois groupes de sujets sur les dimensions de l'indépendance et de la dépendance. Le premier groupe de sujets (G1) dits « Indépendants » est constitué d'individus qui se sont situés sur le pôle de l'indépendance d'échelles de réponse et qui considèrent la dimension de l'indépendance/dépendance comme importante. Le deuxième groupe de sujets (G2) dits « Dépendants » est composé d'individus qui, à l'inverse, se sont situés sur le pôle de dépendance des échelles de réponse et qui accordent également de l'importance à cette dimension de l'indépendance/dépendance. Enfin, les sujets du troisième groupe (G3) se sont situés dans la zone médiane des échelles et n'accordent pas d'importance à cette dimension.

Markus a alors proposé à l'ensemble de ces sujets trois tâches destinées à estimer l'influence de certaines structures du Soi sur le traitement de l'information autopertinente. Pour cet exercice, nous n'allons prendre en considération que deux de ces tâches.

Pour l'une de ces tâches, on présente aux sujets une liste de soixante-neuf adjectifs désignant des traits de personnalité. Quinze d'entre eux sont en rapport avec l'indépendance, quinze avec la dépendance et trente-neuf non reliés à ces deux dimensions. Pour chaque adjectif, le sujet doit dire s'il trouve l'adjectif autodescriptif ou non. On enregistre le temps de latence de la réponse pour chaque jugement.

Pour une autre de ces tâches, on propose aux sujets une série de descriptions de comportements indépendants et dépendants. Ils doivent alors apprécier, dans chacun des cas, la probabilité qu'ils adoptent eux-mêmes le comportement décrit en attribuant à chaque item une note située entre 0 et 100. « 0 » signifie que le comportement est complètement improbable pour le sujet alors que « 100 » indique que le sujet pourrait très vraisemblablement émettre ce comportement.

Voici les résultats principaux enregistrés pour ces deux tâches :

Nombre moyen d'adjectifs reliés à l'indépendance et à la dépendance jugés autodescriptifs

	G1	G2	G3
adjectifs reliés à l'indépendance	10,1a	4,2b	7,9c
adjectifs reliés à la dépendance	9,8d	13,7e	11,5f

Les moyennes, identifiées par des lettres, sont statistiquement différentes de la façon suivante : a>b, e>d, f>c avec $p<.05$; e>b avec $p<.001$.

Latence de réponse en secondes pour les adjectifs reliés à l'indépendance et à la dépendance jugés autodescriptifs

	G1	G2	G3
adjectifs d'indépendance	1,9a	2,6c	2,1
adjectifs de dépendance	2,3b	2,2d	2,1

Les moyennes, identifiées par des lettres, sont statistiquement différentes de la façon suivante : a<b et d<c avec $p<.01$.

Probabilité moyenne attribuée aux comportements

	G1	G2	G3
comportements reliés à l'indépendance	53,8a	37,1c	45,7
comportements reliés à la dépendance	35,7b	54,4d	45,9

Les moyennes, identifiées par des lettres, sont statistiquement différentes de la façon suivante : a>b, d>c avec $p<.01$.

1) Construisez un diagramme en barre pour chacun des tableaux.

2) a) Décrivez et commentez ensemble les résultats des tableaux 1 et 2.

b) Effectuez le même travail avec le tableau 3.

3) Quel type de structure du Soi serait susceptible d'expliquer l'ensemble de ces résultats ? Pourquoi ?

En cas de difficulté sur cet exercice, se référer au chapitre 3, sous-chapitre « Les schémas de Soi ».

Correction

Correction des exercices sur le chapitre 1

Exercice 1

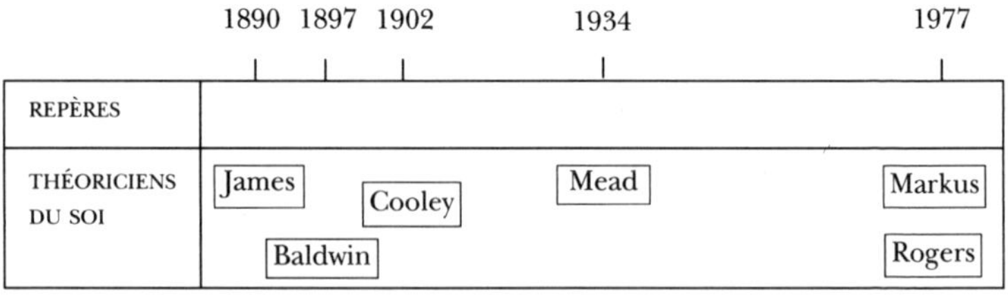

Exercice 2: voir exercice 5 et inversement.

Exercice 3: A: 3; B: 2; C: 4; D: 3; E: 2; F: 1; G: 4.

Exercice 4

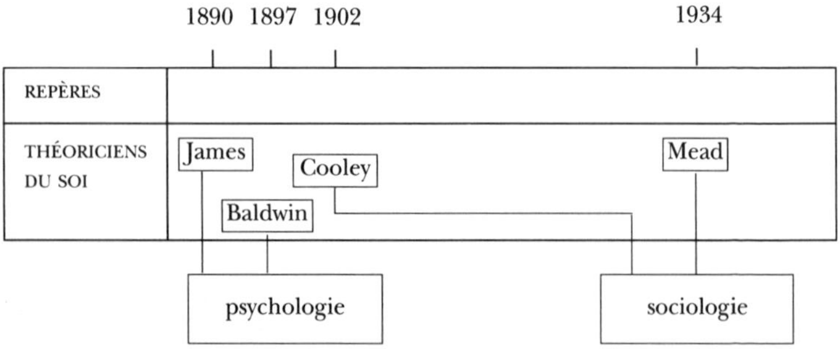

Exercice 6: voir exercice 9 et inversement.

Exercice 7

	Théoriciens	Caractéristiques
composante cognitive	Greenwald Markus	correspond à la façon dont les individus décident de ce qu'ils sont traite les évaluations de soi par autrui prête attention aux caractéristiques qui distinguent d'autrui
composante affective	Baumeister Brown Kunda	correspond à la façon dont les individus évaluent leurs autoconceptions tendance à se comparer à autrui de manière avantageuse
composante comportementale	Ruvolo Schlenker	correspond à la façon dont les individus deviennent conscients d'eux-mêmes correspond aux efforts que nous faisons pour contrôler l'impression que nous allons donner

Exercice 8

Aspects du soi	Caractéristiques
concept de soi	correspond à la façon dont les individus décident de ce qu'ils sont traite les évaluations de soi par autrui prête attention aux caractéristiques qui distinguent d'autrui
estime de soi	correspond à la façon dont les individus évaluent leurs autoconceptions tendance à se comparer à autrui de manière avantageuse
conscience de soi présentation de soi	correspond à la façon dont les individus deviennent conscients d'eux-mêmes correspond aux efforts que nous faisons pour contrôler l'impression que nous allons donner

Correction des exercices sur le chapitre 2

Exercice 1

A: 2; B: 4; C: 1; D: 3; E: 5; F: 1; G: 2; H: 3; I: 1; J: 5; K: 2.

Exercice 2

1) Aucune différence n'apparaît si l'on observe les traits que les sujets utilisent pour se décrire. En effet, qu'ils soient conduits à se sentir similaires à autrui ou uniques, le nombre de mots reliés à la similarité ou à l'unicité qu'ils jugent autodescriptifs ne diffèrent pas. Les concepts de Soi de ces individus semblent rester assez stables dans le sens où l'induction expérimentale n'influence pas les termes qu'ils utilisent pour se décrire. Les sujets de la condition «unicité» et les sujets de la condition «similarité» se caractérisent de la même façon comme similaires aux autres et uniques. Si on ne va pas au-delà de ces données, on pourrait inférer que les conceptions de Soi de ces individus sont relativement insensibles aux informations pertinentes pour leur Soi délivrées pendant l'expérience. Toutefois, si on regarde les résultats enregistrés avec les latences de réponse nécessaires à l'émission des jugements autodescriptifs, on constate qu'elles diffèrent systématiquement.

En effet, les individus conduits à se sentir uniques sont plus rapides à approuver comme étant autodescriptifs les mots reliés à la similarité que les sujets se pensant similaires à autrui. Les individus conduits à se sentir extrêmement similaires aux autres répondent de manière exactement opposée. Ces résultats impliquent que les sujets rendus uniques récupèrent des conceptions d'eux-mêmes comme étant similaires aux autres alors que les sujets rendus similaires aux autres récupèrent des conceptions d'eux-mêmes comme étant uniques.

L'ensemble de ces données suggèrent que, sous-jacentes aux autodescriptions générales de similarité et d'unicité (pas de différence quant au nombre de mots jugés autodescriptifs), se trouvent des conceptions de Soi temporairement très différentes.

2) Le concept de Soi ne semble pas affecté dans sa généralité. En revanche, la malléabilité observée avec les latences de réponse montre un changement au niveau de l'accessibilité de conceptions de Soi particulières et temporaires. C'est le concept de Soi de travail qui est affecté par les inductions expérimentales.

Exercice 3

1) Après un renforcement positif, les latences de réponse à des jugements sur Soi positifs sont significativement plus courtes qu'après un renforcement négatif ($p<.05$), ce qui est conforme à l'hypothèse. Egalement comme prédit, les latences de réponse pour les jugements sur Soi neutres ne diffèrent pas en fonction de la nature du renforcement. En revanche, contrairement aux attentes des auteurs, les latences des jugements sur Soi négatifs ne varient pas significativement en fonction du renforcement évaluatif.

Dans cette recherche, seules les latences de réponse des jugements sur Soi positifs reflètent les subtils changements des auto-évaluations des individus. Autrement dit, après une expérience sociale positive ou négative, le composant évaluatif du concept de Soi de travail d'un individu semble présenter davantage de révisions des autoconceptions positives que négatives.

2) L'amorçage Carson permet de montrer que le renforcement évaluatif ne se généralise pas aux descriptions de personnes autres que le Soi. L'amorçage maison permet de vérifier que le renforcement n'exerce pas un effet général sur le temps de jugement.

3) On peut penser que les individus n'émettent pas les mêmes jugements évaluatifs sur des dimensions positives et négatives. Gaertner et McLaughlin (1983) rapportent des résultats similaires dans leurs études sur les stéréotypes raciaux, suggérant que les représentations positives de Soi et d'autrui sont plus plastiques et sujettes à révision que les

représentations négatives. Autrement dit, les individus seraient prêts à s'évaluer et à évaluer autrui en termes plus ou moins positifs (e.g., je ne suis pas tellement compétent) mais seraient peu disposés à faire cela en termes explicitement négatifs (e.g., je suis stupide).

Il est possible aussi, qu'après certaines expériences, les individus se sentent moins positifs mais pas nécessairement plus négatifs, ou inversement. En d'autres termes, un renforcement négatif peut induire chez un individu un sentiment moins positif de lui-même mais pas forcément le conduire à se sentir plus négatif. En fait, cet individu serait moins confiant sur certaines de ses autoconceptions positives.

Globalement, cela suggère que les auto-évaluations positives et négatives sont indépendantes.

Exercice 4

1) Les efforts que nous faisons pour contrôler l'impression que nous allons donner de nous-mêmes correspondent à l'autoprésentation.

2) Les sujets qui se présentent comme fortement sociables à un autre individu s'estiment par la suite plus sociables que les sujets qui n'ont pas eu à se présenter. De plus, comparés aux sujets de la condition sans présentation, les sujets de la condition avec autoprésentation a) mettent moins de temps avant de verbaliser pour la première fois ($p<.05$), b) parlent pendant un temps plus long durant l'interaction ($p<.01$), et c) ont tendance à dire plus de choses ($p<.08$).

On constate ainsi que les sujets changent leurs auto-évaluations dans la direction de leurs propres comportements présentés publiquement. Ceci montre le pouvoir des autoprésentations stratégiques à former les propres auto-évaluations des acteurs.

Ces données mettent aussi en évidence un report comportemental de l'autoprésentation à une situation nouvelle avec un nouveau public. En effet, les sujets qui se sont présentés comme fortement sociables durant l'entretien agissent plus tard de façon plus sociable, en prenant la parole plus tôt, plus longtemps et plus souvent, que les sujets qui n'ont pas eu à se présenter publiquement comme sociables. L'autoprésentation n'affecte pas seulement les croyances du sujet sur lui-même, elle a également un impact important sur le comportement du sujet durant son interaction avec un compère pourtant différent de celui devant lequel il a dû se montrer sociable.

3) Les résultats obtenus par Schlenker et Trudeau (1990) montrent que des présentations de Soi extrêmement en contradiction avec des croyances très fortes que l'on possède sur Soi ne produisent pas de changement de ces croyances que l'on a sur Soi. Seules des présentations de Soi légèrement contradictoires par rapport aux fortes croyances que l'on a sur Soi entraînent des changements de ces croyances dans le sens de l'autoprésentation. On peut donc penser que dans l'expérience de Schlenker *et al.* (1994), les sujets devaient initialement se croire au moins un peu sociables étant donné qu'ils ont modifié leurs croyances sur eux-mêmes et leurs comportements dans le sens de l'autoprésentation.

Exercice 5

1) Figure 1

Temps moyen de persistance en minutes sur la tâche d'écriture, par condition

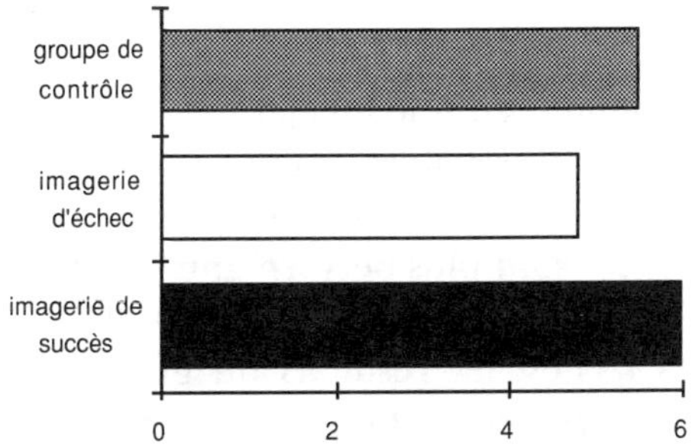

Figure 2
Pourcentage moyen correct sur la tâche de repérage de lettres, par condition

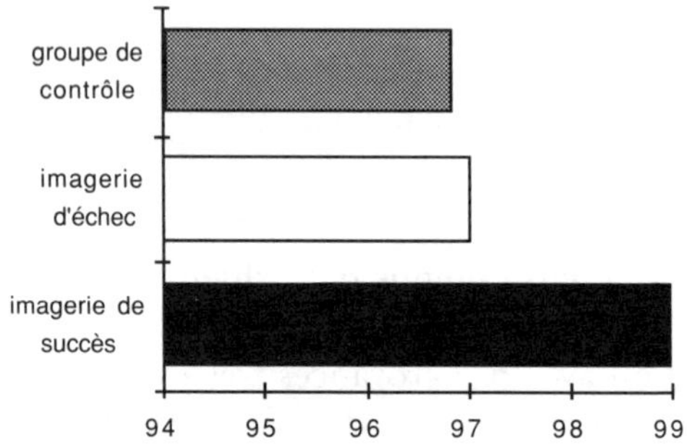

2) Dans la recherche A, comme attendu, les groupes d'imagerie positive, d'imagerie négative et d'humeur positive persistent avec des longueurs de temps différentes. Le groupe d'imagerie positive persiste le plus longtemps, écrivant significativement plus longtemps en moyenne que le groupe à imagerie d'échec. Le groupe avec induction d'humeur positive persiste plus que le groupe d'échec mais moins que le groupe de réussite.

Dans la recherche B, on constate que les trois groupes réussissent bien la tâche, mais ceux qui s'imaginaient réussir ont les scores d'exactitude les plus élevés. Les sujets qui ont pensé au succès ont tendance à avoir des performances plus élevées que ceux qui ont pensé à l'échec ($p<.09$).

Ainsi, comparés aux individus qui imaginent leur propre échec, ceux qui imaginent leur propre succès persistent plus longuement dans une tâche et font un peu plus d'effort dans une autre tâche.

Les effets bénéfiques d'une imagerie de succès ne peuvent pas être seulement imputables à l'induction de sentiments positifs chez les sujets, étant donné que les sujets dans la condition de succès sont plus performants que les sujets de la condition d'humeur positive ($p<.05$). Dès lors, sur l'ensemble des tâches, les résultats du groupe à induction d'humeur positive permettent d'attribuer la supériorité de la performance du groupe à imagerie de réussite non pas uniquement à des sentiments positifs qui accompagneraient la réussite imaginée mais aussi à l'activation d'images spécifiques positives de Soi dans le futur.

3) L'absence de différence importante entre le groupe de succès et le groupe d'échec lors de la tâche d'effort pourrait s'expliquer par la faible difficulté de cette tâche : tous les sujets réussissent fortement (au moins à 96 %). On peut supposer qu'une tâche plus difficile aurait pu accroître cette différence.

4) On ne peut rien conclure en l'état. Pour une complète compréhension de la performance du groupe à imagerie d'échec, une condition d'humeur négative aurait été utile. Sans un groupe d'humeur négative, on ne peut pas déterminer si la plus faible performance de ce groupe à imagerie d'échec est la conséquence d'un affect négatif associé à l'échec, ou s'il s'agit de l'activation de Soi possibles négatifs.

Exercice 6

— Quelques repères pour le commentaire

Commenter cet extrait revient essentiellement à commenter les informations contenues dans cette phrase : « le concept de Soi est à la fois cognitif et affectif, à la fois stable et instable, à la fois achevé et évolutif ». En effet, si vous abordez chaque aspect proposé dans cette phrase, vous aurez l'ensemble des éléments théoriques qui sous-tend cet extrait. Pour cela, il faut essayer, en étayant à chaque fois théoriquement et/ou empiriquement, de répondre aux questions suivantes :
– Qu'est-ce qui est cognitif dans le Soi ?
– Qu'est-ce qui est affectif dans le Soi ?
– Qu'est-ce qui est stable dans le Soi ?
– Qu'est-ce qui est instable dans le Soi ?
– Qu'est-ce qui est achevé dans le Soi ?
– Qu'est-ce qui est évolutif dans le Soi ?
Après avoir répondu à cet ensemble de questions, il faut conclure en commentant cette phrase : « le concept de Soi est toutes

ces choses non seulement parce que les individus possèdent de nombreuses croyances différentes sur eux-mêmes mais aussi parce que les individus accordent des significations différentes à leurs différentes vues de Soi ».

Pour répondre aux six questions et commenter la dernière phrase, vous pouvez vous servir de ce guide :

– Sur l'aspect cognitif du Soi, voir plus spécifiquement dans le chapitre 2 : le sous-chapitre « Le concept de Soi : la composante cognitive ».

– Sur l'aspect affectif du Soi, voir plus spécifiquement dans le chapitre 2 : le sous-chapitre « L'estime de Soi : la composante affective ».

– Sur le caractère stable/instable, achevé/évolutif du concept de Soi, voir plus spécifiquement dans le chapitre 2 :

• dans le sous-chapitre « Le concept de Soi : la composante cognitive », le paragraphe « Conclusion » ;

• dans le sous-chapitre « L'estime de Soi : la composante affective » :

– dans le paragraphe « Stabilité et estime de Soi », le sous-paragraphe « La valorisation de Soi »,

– le paragraphe « Instabilité et estime de Soi »,

– la conclusion du paragraphe « Forte estime de Soi et faible estime de Soi ».

– Sur les croyances sur Soi, voir plus spécifiquement dans le chapitre 2 :

• dans le sous-chapitre « Le concept de Soi : la composante cognitive », dans le paragraphe « Le concept de Soi : un concept à la fois stable et malléable », le sous-paragraphe « Les croyances sur Soi »

• dans le sous-chapitre « La présentation de Soi : la composante comportementale », dans le paragraphe « Auto-présentation, auto-évaluation et croyances sur Soi », le sous-paragraphe « Une forte croyance sur Soi est-elle toujours associée à une présentation de Soi stable ? »

Correction des exercices sur le chapitre 3

Exercice 1

1) Le meilleur rappel libre de mots est obtenu lorsque les sujets ont au préalable effectué une tâche d'autoréférence, c'est-à-dire qu'ils ont dû récupérer en mémoire un souvenir qui leur était propre. En revanche, le fait de définir un mot ou de le catégoriser n'entraîne pas de différence lors d'une tâche de rappel ultérieure.

2) Le rappel supérieur de mots à la suite d'une tâche d'autoréférence par rapport à une tâche sémantique ou de catégorisation a été nommé « l'effet de référence à Soi » (e.g., Rogers, Kuiper et Kirker, 1977).

3) Les travaux de Craik et Tulving (1975) avaient permis de mettre en évidence que l'encodage sémantique donnait lieu à la meilleure rétention. Le fait qu'un encodage en rapport à Soi entraîne une meilleure mémorisation qu'un encodage sémantique permet d'envisager le Soi comme une des structures les plus riches et les plus élaborées stockées en mémoire.

Exercice 2

1) Premièrement, les auteurs veulent tester l'hypothèse selon laquelle le Soi est un point de référence habituel dans les comparaisons avec des amis. Deuxièment, ils veulent savoir si les asymétries éventuellement observées sont le propre des dimensions sociales ou si elles sont plus générales.

2) Les deux asymétries enregistrées 0,42 et 0,47 sont fortement significatives mais l'importance de l'asymétrie ne diffère pas significativement en fonction du type de dimensions ni dans l'une (6,20 contre 6,21) ni dans l'autre (5,82 contre 5,74) des analyses.

Pour les deux dimensions, l'asymétrie enregistrée met en évidence que les sujets estiment qu'un ami leur ressemble plus qu'ils ne lui ressemblent.

3) Ces résultats montrent clairement que le Soi fonctionne comme un point de référence habituel pour estimer la

similarité dans les comparaisons avec des amis, qu'il s'agisse d'estimations de ressemblance sur des dimensions physiques ou sur des dimensions sociales.

Exercice 3

1)

Figure 1

Nombre moyen d'adjectifs reliés à l'indépendance et à la dépendance jugés autodescriptifs

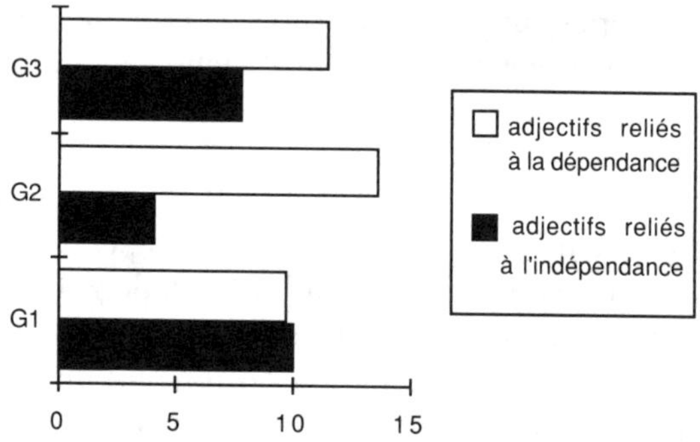

Figure 2

Latence de réponse en secondes pour les adjectifs reliés à l'indépendance et à la dépendance jugés autodescriptifs

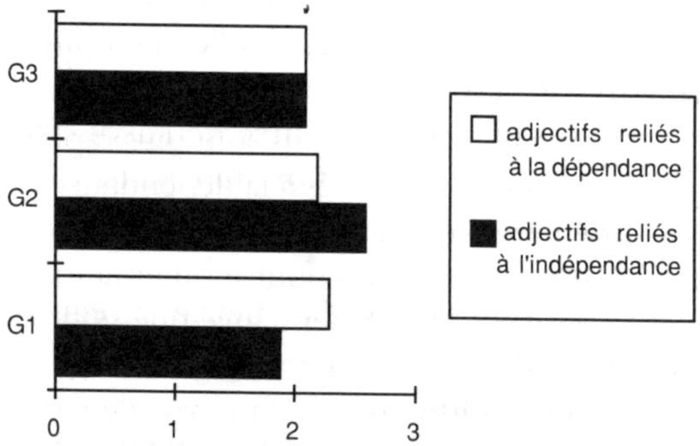

Figure 3

Probabilité moyenne attribuée aux comportements

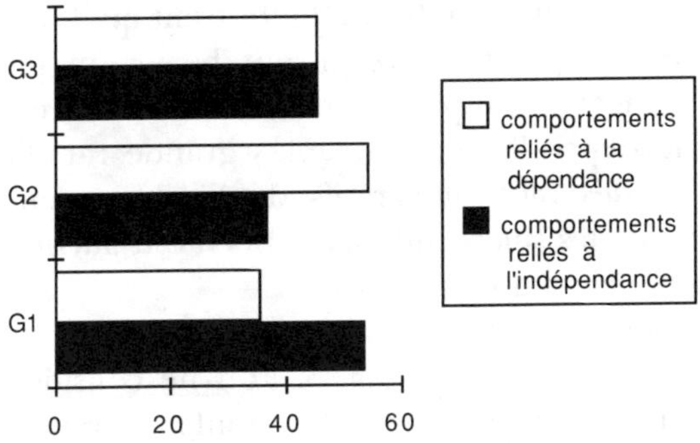

2) a) Tableau 1: les sujets Dépendants (G2) jugent autodescriptifs plus de mots reliés à la dépendance que les Indépendants (G1). Inversement, les Indépendants jugent autodescriptifs plus de mots reliés à l'indépendance que les Dépendants. De plus, les sujets Dépendants estiment autodescriptifs plus de mots illustratifs de la dépendance que de l'indépendance. En revanche, les sujets Indépendants, tout en estimant autodescriptifs plus d'adjectifs caractéristiques de l'indépendance que les deux autres groupes, trouvent autodescriptifs presque autant d'adjectifs se rapportant à la dépendance que d'adjectifs reliés à l'indépendance.

Quant aux sujets du groupe 3, ils estiment autodescriptifs plus de mots en rapport avec la dépendance qu'avec l'indépendance.

Tableau 2: les sujets Dépendants sont plus rapides pour estimer autodescriptifs les mots reliés à la dépendance que les mots reliés à l'indépendance. De façon symétrique, les sujets Indépendants sont plus rapides pour estimer autodescriptifs les adjectifs se rapportant à l'indépendance que se rapportant à la dépendance. En ce qui concerne les sujets du groupe 3, leurs temps de réponse ne diffèrent pas d'un type de mots à l'autre.

Si l'on ne se réfère qu'au nombre d'adjectifs jugés autodescriptifs, on pourrait dire que pour les sujets Indépendants

(G1), l'utilisation des mots relatifs à l'indépendance n'est pas différente de celle des mots propres à la dépendance, ou que la dimension d'indépendance n'a pas de pertinence pour ces sujets. Les résultats du tableau 2 montrent qu'il n'en est rien. Les sujets Indépendants réagissent beaucoup plus rapidement aux mots en rapport avec l'indépendance qu'aux mots reliés à la dépendance. Cette plus grande rapidité dans le traitement des mots illustratifs de l'indépendance semble indiquer que les sujets Indépendants n'ont aucune difficulté à se caractériser par ces termes.

L'examen des temps de réponse permet aussi d'interpréter les résultats du groupe 3. Si l'on ne considérait que le nombre d'adjectifs jugés autodescriptifs, on pourrait penser que ces sujets sont assimilables aux sujets Dépendants. Mais il apparaît que ces sujets du groupe 3 n'utilisent pas pour se décrire les deux ensembles de mots de la même façon que les Dépendants. Il n'y a, en effet, chez les premiers, aucune différence dans le temps de traitement des mots appartenant à chaque ensemble. Ces individus caractérisent aussi facilement leurs comportements à l'aide d'adjectifs reliés à l'indépendance qu'à l'aide d'adjectifs reliés à la dépendance.

b) La probabilité moyenne attribuée aux comportements caractéristiques de la dépendance est la plus faible pour les sujets Indépendants (G1) et la plus forte pour les sujets dépendants (G2). Un résultat diamétralement opposé est observé pour la probabilité moyenne attribuée aux comportements illustratifs de l'indépendance.

Dans l'ensemble les sujets des groupes 1 et 2 se différencient nettement des sujets du groupe 3. Dans les deux premiers groupes, la forte variation de l'estimation de probabilité d'un type de comportements à l'autre indique que les sujets de ces groupes ont plus de certitude sur le type de comportements qui pourrait les caractériser dans telle ou telle situation. Les sujets du groupe 3 ne manifestent pas cette polarisation dans leurs jugements. Pour eux, il n'y a pas vraiment de différence dans la probabilité de manifester des comportements propres à l'indépendance ou à la dépendance : les uns ou les autres sont aussi susceptibles de se produire que de ne pas se produire.

3) La cohérence de configuration des réponses d'une tâche à l'autre, observée chez les sujets Indépendants et chez les sujets Dépendants, alimente l'hypothèse de l'existence dans chacun de ces deux groupes d'un schéma de Soi qui facilite le traitement de l'information. Les individus du groupe 1 posséderaient ainsi un schéma de Soi d'indépendance : en effet, ils s'attribuent davantage d'adjectifs associés à l'idée d'indépendance que les individus des deux autres groupes. En outre, chez ces sujets, les temps de réponse pour juger un mot autodescriptif sont plus courts lorsqu'il s'agit de mots reliés à l'indépendance que de mots reliés à la dépendance. Enfin, ils se sentent plus susceptibles d'adopter dans l'avenir des comportements illustratifs de l'indépendance. Chez les individus du groupe 2, la configuration de résultats est symétrique, ce qui permet de supposer qu'ils possèdent un schéma de Soi de dépendance. Ces sujets schématiques (G1 et G2) sur la dimension indépendance/dépendance ont des réponses à la tâche d'autodescription tout à fait cohérentes avec leurs réponses à l'autre tâche, ce qui n'est pas le cas pour les sujets du groupe 3. Les données relevées auprès de ce dernier groupe suggèrent que ces sujets ne font preuve, sur la dimension indépendance/dépendance, d'aucune généralisation de connaissances bien constituées, autrement dit d'aucun schéma de Soi. Ces derniers pourraient alors être qualifiés d'individus aschématiques sur cette dimension. D'ailleurs, ces individus présumés aschématiques ont, dans ces tâches, des réponses nettement différentes de celles des individus présumés schématiques.

Pour aucune des tâches, les sujets aschématiques ne font de discrimination entre les stimuli « indépendance » et « dépendance ». Il semble que pour ces sujets l'indépendance/dépendance ne soit pas une dimension de comportement pertinente. Ce n'est pas en fonction du caractère indépendant ou dépendant de leurs actions qu'ils catégorisent ou différencient ces dernières.

Bibliographie

L'orientation développée ici, à savoir l'étude du Soi en psychologie sociale expérimentale et plus spécifiquemment dans le champ de la cognition sociale, en est encore à ses débuts en Europe. Elle n'a donc suscité jusqu'à présent que peu de travaux en langue française et n'est pas très familière des lecteurs francophones. Toutefois, pour faciliter la recherche bibliographique de nos lecteurs curieux d'en *savoir plus*, nous avons essayé de proposer systématiquement quelques références en langue française. Lorsque cela s'est avéré impossible, nous avons sélectionné des références anglophones issues de revues répandues.

ANDERSON, J. R. (1982). « Acquisition of cognitive skill ». *Psychological review*, 89, p. 369-406.

ANDERSON, J. R. (1983). « A spreading activation theory of memory ». *Journal of Verbal Learning and Verbal Behavior*, 22, p. 261-295.

BACHMAN, J. G. et O'MALLEY, P. M. (1977). « Self-esteem in young men : A longitudinal analysis of the impact of educational and occupational attainment ». *Journal of Personality and Social Psychology*, 35, p. 365-80.

BALDWIN, J. M. (1897). *Social and Ethical Interpretations in Mental Development*. New York : McMillan.

BANAJI, M. R. et PRENTICE, D. A. (1994). « The self in social contexts ». *Annual Review of Psychology*, 45, p. 297-332.

BANDURA, A. (1986). *Social foundations of tought and action : A social cognitive theory*. Englewood Cliffs, NJ : Prentice-Hall.

BARGH, J. A. (1982). « Attention and automaticity in the processing of the self-relevant information ». *Journal of Personality and Social Psychology*, 43, p. 425-436.

BARTLETT, F. C. (1932). *Remembering : A study in experimental and social psychology*. New York : Cambridge University Press.

BAUMEISTER, R. (1991). « Self-concept and identity ». In V. J. Derlega, B. A. Winstead, and W. H. Jones, (Eds.), *Personality contemporary theory and research*. Chicago : Nelson-Hall.

BAUMEISTER, R. F. et HUTTON, D. G. (1987). « Self-presentation theory : Self-construction and audience pleasing ». In B. Mullen et G. R. Goethals (Eds.), *Theories of group behavior*, p. 71-88. New York : Springer-Verlag.

BAUMEISTER, R.G., TICE, D. M. et HUTTON, D. G. (1989). « Self-presentational motivations and personality differences in self-esteem ». *Journal of Personality*, 57, p. 547-579.

BAUMGARDNER, A. H. (1990). « To know oneself is to like oneself: self-certainty and self-affect ». *Journal of Personality and Social Psychology*, 58, p. 1062-1072.

BELLEZZA, F. S. (1984). « The self as a mnemonic device: The role of internal cues ». *Journal of Personality and Social Psychology*, 47, p. 506-516.

BELLEZZA, F. S. et HOYT, S. K. (1992). « The self-reference effect and mental cueing ». *Social Cognition*, 10, p. 51-78.

BERNARD, J., BESSIS, M. et DEBRU, C (Eds.). (1990). *Soi et non-soi.* Paris: Editions du Seuil.

BLACKBURN, R. T., PELLINO, G. R., BOBERG, A. et O'CONNELL, C. (1980). « Are instructional improvement programs off target? » *Current Issues in Higher Education*, 1, p. 32-48.

BOWER, G. M. et GILLIGAN, S. G. (1979). « Remembering information related to one's self ». *Journal of Research in Personality*, 13, p. 420-432.

BROWN, J. D. et GALLAGHER, F. M. (1992). « Coming to terms with failure: private self-enhancement and public self-enhancement ». *Journal of Experimental Social Psychology*, 28, p. 3-22.

BROWN, J. D., COLLINS, R. L. et SCHMIDT, G. W. (1988). « Self-esteem and direct versus indirect forms of self-enhancement ». *Journal of Personality and and Social Psychology*, 55, p. 445-453.

BROWN, J. D. et SMART, S. A. (1991). « The self and social conduct: linking self-representations to prosocial behavior ». *Journal of Personality and and Social Psychology*, 60, p. 368-375.

BYLSMA, W. H., TOMAKA, J., LUHTANEN, R., CROCKER, J. et MAJOR, B. (1992). « Response latency as an index of temporary self-evaluation ». *Personality and Social Psychology Bulletin*, 18, p. 60-67.

CAMPBELL, J. D. (1990). « Self-esteem and clarity of the self-concept ». *Journal of Personality and Social Psychology*, 59, p. 538-549.

CANTOR, N., et KIHLSTROM, J. F. (1986). *Personality and social intelligence.* Englewood Cliffs, NJ: Prentice Hall.

CARVER, C. S. et SCHEIER, M. F. (1988). « A model of behavioral self-regulation: translating intention into action ». In L. Berkowitz (Ed.), *Advances in experimental social psychology* (Vol. 21, p. 303-346). New York: Academic Press.

CARVER, C. S., BLANEY, P. H. et SCHEIER, M. F. (1979). « Reassertion and giving up: The interactive role of self-directed attention and outcome expectancy ». *Journal of Personality and Social Psychology*, 37, p. 1859-1870.

CODOL, J.-P. (1979). *Semblables et différents. Recherches sur la quête de la similitude et de la différenciation sociale.* Aix-en-Provence: Université de Provence, Thèse d'Etat (multigraphié: 524 pages).

CODOL, J.-P. (1984a). « La perception de la similitude interpersonnelle: influence de l'appartenance catégorielle et du point de référence de la comparaison ». *L'Année psychologique*, 84, p. 43-56.

CODOL, J.-P. (1984b). « L'asymétrie de la similitude perçue entre des personnes diversement stéréotypées ». *Cahiers de psychologie cognitive*, 4, p. 605-610.

CODOL, J.-P. (1984c). « Quand Dupont ressemble à Dupond plus que Dupond à Dupont. L'asymétrie de la similitude perçue entre personnes semblables ». *Psychologie française*, 29, p. 284-290.

CODOL, J.-P. (1986). « Estimation et expression de la ressemblance et de la différence entre pairs ». *L'Année psychologique*, 86, p. 527-550.

CODOL, J.-P. (1987a). « Comparability and incomparability between oneself and others : means of differenciation and comparison reference points ». *Cahiers de psychologie cognitive - European Bulletin of Cognitive Psychology*, 7, p. 87-105.

CODOL, J.-P. (1987b). *Vingt ans de cognition sociale.* Rapport au colloque « Questions vives de la psychologie ». Aix-en-Provance, octobre 1987.

COMBS, A. W. et Snygg, D. (1949). *Individual behavior : A perceptual approach to behavior.* New York : Harper et Brothers.

COOLEY, C. (1902). *Human nature and the social order.* New York : Schocken Books.

CRAIK, F. I. M. et LOCKHART, R. S. (1972). « Levels of processing : A framework for memory research ». *Journal of verbal learning and verbal behavior*, 11, p. 671-684.

CRAIK, F. I. M. et TULVING, E. (1975). « Depth of processing and the retention of words in episodic memory ». *Journal of Experimental Psychology : General*, 104, p. 268-294.

DOISE, W., DESCHAMPS, J. C. et MUGNY, G. (1991). *Psychologie sociale expérimentale.* Paris : Armand Colin.

DONAHUE, E. M., ROBINS, R. W., ROBERTS, B. W. et JOHN, O. P. (1993). « The divided self : Concurrent and longitudinal effects of psychological adjustment and social roles on self-concept differentiation ». *Journal of Personality and Social Psychology*, 64, p. 834-846.

EPSTEIN, S. (1973). « The self-concept revisited : Or a theory of a theory ». *American Psychologist*, 28, p. 404-416.

FAZIO, R. H., EFFREIN, E.A. et FALENDER, V. J. (1981). « Self-perceptions following social interaction ». *Journal of Personality and Social Psychology*, 41, p. 232-242.

FERGUSON, T. J., RULE, B. G. et CARLSON, D. (1983). « Memory for personally relevant information ». *Journal of Personality and Social Psychology*, 44, p. 251-261.

FRENCH, J. R. P. (1968). « The conceptualization and the measurement of mental health in terms of self-identity theory ». In S. B. Sells, (Ed.), *The definition and measurement of mental health.* Washington, DC : Department of Health, Education and Welfare.

GAERTNER, S. L. et MCLAUGHLIN, J. P. (1983). « Racial stereotypes : Associations and ascriptions of positive and negative caracteristics ». *Social Psychology Quarterly*, 46, p. 23-30.

GERGEN, K. J. et GERGEN, M. M. (1988). « Narrative and the self as relationship ». In L. Berkowitz (Ed.), *Advances in experimental social psychology* (Vol. 21, p. 17-56). New York : Academic Press.

GIBBONS, F. X. et McCOY, S. B. (1991). « Self-esteem, similarity, and reactions to active versus passive downward comparison ». *Journal of Personality and Social Psychology*, 60, p. 414-424.

GILOVICH, T. M. (1983). « Biased evaluation and persistence in gambling ». *Journal of Personality and Social Psychology*, 40, p. 797-808.

GOFFMAN, E. (1959). *The presentation of self in everyday life.* Garden City, New York : Doubleday.

GRAZIANO, W. G., FELDESMAN A. B. et RAHE, D. F. (1985). « Extraversion, social cognition, and the salience of aversiveness in social encounters ». *Journal of Personality and Social Psychology*, 49, p. 971-80.

GREENWALD, A. G. (1980). « The totalitarian ego : Fabrication and revision of personal history ». *American Psychologist*, 35, p. 603-618.

GREENWALD, A. G. et BRECKLER, S. J. (1985). « To whom is the self presented ? » In B. R. Schlenker (Ed.), *The self and social life*, New York : Mc Graw-Hill.

GREENWALD, A. G. et BANAJI, M. R. (1989). « The self as a memory system : powerful and ordinary ». *Journal of Personality and Social Psychology*, 57, p. 41-54.

GREENWALD, A. G. et PRATKANIS, A. R. (1984). « The self ». In R. S. Wyer et T. K. Srull (Eds.), *Handbook of social cognition* (Vol. 3, p. 129-178). Hillsdale, NJ : Lawrence Erlbaum.

GREENWALD, A. G., BELLEZZA, F. S. et BANAJI, M. R. (1988). « Is self-esteem a central ingredient of the self-concept ? » *Personality and Social Psychology Bulletin*, 14, p. 34-45.

HART, D. et DAMON, W. (1986). « Developmental trends in self-understanding ». *Social Cognition*, 4, p. 388-407.

HARTER, S. (1983). « Developmental perspectives on the self-system ». In P.H. Musen (Ed.), *Handbook of Child Psychology.* (Vol. 4, p. 275-235). New York : Wiley.

HARTMANN, H. (1939). *La psychologie du moi et le problème de l'adaptation.* Trad. fr. A.-M. Rocheblave-Spenlé. Paris : PUF, 1968.

HASTIE, R. (1981). Schematic principles in human memory. In : E. T. HIGGINS, C. P. HERMAN, et M.P. ZANNA (Eds.), *Social cognition : The Ontario Symposium.* (Vol. 1, p. 39-88). Hillsdale, NJ : Erlbaum.

HIGGINS, E. T., KING, G. A. et MAVIN, G. H. (1982). « Individual construct accessibility and subjective impressions and recall ». *Journal of Personality and Social Psychology*, 43, p. 35-47.

HIGGINS, E. T., VAN HOOK, E. et DORFMAN, D. (1988). « Do self-attributes form a cognitive structure ? » *Social Cognition*, 6, p. 177-207.

HOELTER, J. W. (1985). « The structure of self-conception : Conceptualization and measurement ». *Journal of Personality and Social Psychology*, 49, p. 1392-1407.

HOGAN, R. (1976). *Personality theory : The personological tradition. Englewood Cliffs*, NJ : Prentice Hall.

HOLYOAK, K. J. et GORDON, P. C. (1983). « Social reference points ». *Journal of Personality and Social Psychology*, 44, p. 881-887.

HSU, F. L. K. (1985). « The self in cross-cultural perspective ». In A. Marsella, G. De Vos, et F. L. K. Hsu (Eds.). *Culture and self* (p. 24-55). London : Tavistock.

JAMES, W. (1890). *The principles of psychology*. New York : Holt.

JONES, E. E., RHODEWALT, F. BERGLAS, S. et SKELTON, J. A. (1981). « Effects of strategic self-presentation on subsequent self-esteem ». *Journal of Personality and Social Psychology*, 41, p. 407-421.

JOSEPHS, R. A., LARRICK, R. P., STEELE, C. M. et NISBETT, R. E. (1992). « Protecting the self from negative consequences of risky decisions ». *Journal of Personality and Social Psychology*, 62, p. 26-37.

KAHAN, T. L. et JOHNSON, M. K. (1992). « Self effects in memory for person information ». *Social Cognition*, 10, p. 30-50.

KARPF, FAY B. (1932). *American Social Psychology*, New York, McGraw-Hill Book Company.

KATZ, A. N. (1989). « Autobiographical memory as a reconstructive process : an extension of Ross's hypothesis ». *Canadian Journal of Psychology*, 43, p. 512-525.

KEENAN, J. M. et BAILLET, S. D. (1980). « Memory for personally and socially significants events ». In R. S. Nickerson (Ed.). *Attention and performance VIII*, Hillsdale, NJ : Lawrence Erlbaum Associates.

KEENAN, J. M., GOLDING, J. M. et BROWN, P. (1992). « Factors controlling the advantage of self-reference over other-reference ». *Social Cognition*, 10, p. 79-94.

KELLY, G. A. (1955). *The psychology of personal constructs* (Vol. 1). New York : W. W. Norton et Co.

KIHLSTROM, J. F. et CANTOR, N. (1984). « Mental representations of the self ». In L. Berkowitz (Ed.), *Advances in experimental social psychology* (Vol. 17, p. 1-47). Orlando, FL : Academic Press.

KIHLSTROM, J. F., CANTOR, N., ALBRIGHT, J. S., CHEW, B. R., KLEIN, S. B. et NIEDENTHAL, P. M. (1988). « Information processing and the study of the self ». In L. Berkowitz (Ed.), *Advances in experimental social psychology* (Vol. 21, p. 145-178). New York : Academic Press.

KLEIN, S. B. et Loftus, J. (1988). « The nature of self-referent encoding : The contributions of elaborative and organizational processes ». *Journal of Personality and Social Psychology*, 55, p. 5-11.

KLEIN, S. B. et LOFTUS, J. (1990). « The role of abstract and exemplar-based knowledge in self-judgments : Implications for a cognitive model of the self ». In T. R. Srull et R. S. Wyer (Eds.), *Advances in social cognition* (Vol. 3, p. 131-139), Hillsdale, N. J. : Erlbaum.

KLEIN, S. B., LOFTUS, J. et BURTON, H. A. (1989). « Two self-reference effects : The importance of distinguishing between self-descriptiveness judgments and autobiographical retrieval in self-referent encoding ». *Journal of Personality and Social Psychology*, 56, p. 853-865.

KLEIN, W. M. et LOFTUS, J. (1993). « The mental representation of trait and autobiographical knowledge about the self ». In T. K. Srull et R. S. Wyer (Eds.), *Advances in social cognition*. (Vol. 5). Hillsdale, NJ : Erlbaum.

KUNDA, Z. (1987). « Motivation and inference : Self-serving generation and evaluation of evidence ». *Journal of Personality and Social Psychology*, 53, p. 636-647.

KUNDA, Z. et SANITIOSO, R. (1989). « Motivated changes in the self-concept ». *Journal of Experimental Social Psychology*, 25, p. 272-285.

LA HAYE, A.-M. (de) (1989). « La mémoire des personnes. 1 : les fondements mémoriels du jugement ». *L'Année psychologique*, 4, p. 585-613.

LANGER, E. J. (1975). « The illusion of control ». *Journal of Personality and Social Psychology*, 32, p. 311-328.

LEPPER, M. R., ROSS, L. et LAU, R. R. (1986). « Persistence of inaccurate beliefs about the self : Perseverance effects in the classroom ». *Journal of Personality and Social Psychology*, 50, p. 482-491.

LEWICKI, P. (1983). « Self-image biais in person perception ». *Journal of Personality and Social Psychology*, 45, p. 384-393.

LEWICKI, P. (1984). « Self-schema and social information processing ». *Journal of Personality and Social Psychology*, 47, p. 1177-1190.

MARKUS, H. R. (1977). « Self-schemata and processing information about the self ». *Journal of Personality and Social Psychology*, 35, p. 63-78.

MARKUS, H. R. (1990). « Unresolved issues of self-representation ». *Cognitive Therapy and Research*, 14, p. 241-253.

MARKUS, H. R. et KITAYAMA, S. (1991). « Culture and the self : Implications for cognition, emotion, and motivation ». *Psychological Review*, 98, p. 224-253.

MARKUS, H. R. et KUNDA, Z. (1986). « Stability and malleability of the self-concept ». *Journal of Personality and Social Psychology*, 51, p. 858-866.

MARKUS, H. R. et NURIUS, P. (1986). « Possible selves ». *American Psychologist*, 41, p. 954-969.

MARKUS, H. R. et SENTIS, K. (1982). « The self in social information processing ». In J. Suls (Ed.), *Psychological perspectives on the self* (Vol. 1, p. 41-70). Hillsdale, NJ : Erlbaum.

MARKUS, H. R. et SMITH, J. (1981). « The influence of self-schemata on the perception of others ». In N. CANTOR et J. Kihlstrom (Eds.), *Personality, cognition, and social interaction* (p. 233-262). Hillsdale, NJ : Erlbaum.

MARKUS, H. R. et WURF, E. (1987). « The dynamic self concept : a social psychological perspective ». *Annual Review of Psychology*, 42, p. 38-50.
MARKUS, H. R. et ZAJONC, R. B. (1985). « The cognitive perspective in social psychology ». In G. Lindzey et E. Aronson (Eds.). *Handbook of social psychology* (3rd ed., p. 137-230). New York : Random House.
MARKUS, H. R., CRANE, M., BERNSTEIN, S. et SILADI, M. (1982). « Self-schemas and gender ». *Journal of Personality and Social Psychology*, 42, p. 38-50.
MARKUS, H. R., HAMILL, R. et SENTIS, K. P. (1987). « Thinking fat : Self-schemas for body weight and the processing of self-relevant information ». *Journal of Applied Social Psychology*, 17, p. 50-72.
MARKUS, H. R., SMITH, J. et MORELAND, R. L. (1985). « Role of the self-concept in the perception of others ». *Journal of Personality and Social Psychology*, 49, p. 1494-1512.
MARTINOT, D. (1993). *Traitement de l'information autopertinente et insertions sociales : Le soi, une structure de connaissance malléable. Etude expérimentale.* Université de Clermont-Ferrand, thèse de doctorat nouveau régime.
MARTINOT, D. et MONTEIL, J.-M. (1995a). « The academic self-schema : an experimental illustration ». *Learning and Instruction*, 5, p. 63-76.
MARTINOT, D. et MONTEIL, J.-M. (1995b). « Insertions scolaires et représentations de soi : Etude expérimentale ». In J.-L. Beauvois, R.-V. Joule et J.-M. Monteil (Eds.). *Perspectives cognitives et conduites sociales.* (vol. 5). Neuchâtel : Delachaux et Niestlé.
MCGUIRE, W.J. et MCGUIRE, C.V. (1988). « Content and process in the experience of self ». In L. Berkowitz (ed.), *Advances in Experimental Social Psychology* (Vol. 20, p. 97-144). New York : Academic Press.
MEAD, G. H. (1934). *Mind, self, and society.* Chicago : University of Chicago Press.
MEAD, G. H. (1963). *L'esprit, le soi, la société.* Paris : PUF.
MONTEIL, J.-M. (1988). « Comparaisons sociales, stratégies individuelles et médiations socio-cognitives. Un effet de différenciation comportementale dans le champ scolaire ». *European Journal of Psychology of Education*, 3, p. 3-19.
MONTEIL, J.-M. (1991). « Social regulation and individual cognitive functioning : effects of individuation on cognitive performances ». *European Journal of Social Psychology*, 21, p. 225-231.
MONTEIL, J.-M. (1993). *Soi et le contexte.* Paris : Armand Colin.
MONTEIL, J.-M. et Huguet, P. (1993). « The social context of human learning : some prospects for the study of socio-cognitive regulations ». *European Journal of Psychology of Education*, 8, p. 409-421.
MONTEIL, J.-M. et MARTINOT, D. (1991). « Le soi et ses propriétés : analyse critique ». *Psychologie française.* 36-1, p. 56-65.
MORAY, N. (1959). « Attention in dichotic listening : Affective cues and the influence of instructions ». *Quarterly Journal of Experimental Psychology*, 11, p. 56-60.

MYERS, D.G. (1987). *Social Psychology*. New York : McGraw-Hill.

NEIMEYER, G. J. et RARESHIDE, M. B. (1991). « Personal memories and personal identity : The impact of ego identity development on autobiographical memory recall ». *Journal of Personality and Social Psychology*, 60, 562-569.

NEISSER, U. (1976). *Cognition and reality : Principles and implications of cognitive psychology*. San Francisco : Freeman.

NUTTIN, J. M., Jr. (1985). « Narcissism beyond Gestalt and awareness : The name-letter effect ». *European Journal of Social Psychology*, 15, p. 353-361.

OYSERMAN, D. et MARKUS, H. (1990). « Possible selves and delinquency ». *Journal of Personality and Social Psychology*, 59, p. 112-125.

PARK, B. (1986). « A method for studying the development of impressions of real people ». *Journal of Personality and Social Psychology*, 51, p. 907-917.

PELHAM, B. W. (1991). « On confidence and consequence : The certainty and importance of self-knowledge ». *Journal of Personality and Social Psychology*, 60, p. 518-530.

PELHAM, B. W. et SWANN, Jr, W. B. (1989). « From self-conceptions to self-worth : on the sources and structure of global self-esteem ». *Journal of Personality and Social Psychology*, 57, p. 672-680.

PETERSON, C. et SELIGMAN, M. E. (1984). « Causal explanations as a risk factor for depression : Theory and evidence ». *Psychological Review*, 91, p. 347-374.

PIOLAT, M., HURTIG, M.-C. et PICHEVIN, M.-F. (1992). *Le Soi : Recherches dans le champ de la cognition sociale*. Textes de base en psychologie. Neuchâtel : Delachaux et Niestlé.

PRENTICE, D. A. (1990). « Familiarity and differences in self- and other-representations ». *Journal of Personality and Social Psychology*, 59, p. 369-383.

RHODEWALT, F. et AGUSTSDOTTIR, S. (1986). « Effects of self-presentation on the phenomenal self ». *Journal of Personality and Social Psychology*, 50, p. 47-55.

ROGERS, T. B. (1981). « A model of the self as an aspect of the human information-processing system ». In N. Cantor et J. Kihlstrom (Eds.), *Personality, cognition, and social interaction* (p. 193-214). Hillsdale, NJ : Erlbaum.

ROGERS, T. B., KUIPER, N. A. et KIRKER, W. S. (1977). « Self-reference and the encoding of personal information ». *Journal of Personality and Social Psychology*, 35, p. 677-688.

ROGERS, T. B., ROGERS, P. J. et KUIPER, N. A. (1979). « Evidence for the self as a cognitive prototype : the "false alarms effect" ». *Personality and Social Psychology Bulletin*, 5, p. 53-56.

ROSCH, E. et MERVIS, C. B. (1975). « Family resemblances: Studies in internal structure of categories ». *Cognitive Psychology*, 7, p. 573-605.

ROSENBERG, M. (1965). *Society and the adolescent self-image.* Princeton, NJ : Princeton University Press.

ROSENBERG, M. (1979). *Conceiving the self.* New York : Basic Books.

ROSS, M. et CONWAY, M. (1986). « Remembering one's own past : The construction of personal histories ». In R. M. Sorrentino et E.T. Higgins (Eds.), *Handbook of motivation and cognition : Foundations of social behavior* (p. 122-144). New York : Guilford Press.

ROTH, D. L., SNYDER, C. R. et PACE, L.M. (1986). « Dimensions of favorable Self-presentation ». *Journal of Personality and Social Psychology*, 51, p. 867-874.

RUVOLO, A. P. et MARKUS, H. R. (1992). « Possibles selves and performance : the power of self-relevant imagery ». *Social Cognition*, 10, p. 95-124.

SANITIOSO, R., KUNDA, Z. et FONG, G. T. (1990). « Motivated Recruitment of autobiographical memories ». *Journal of Personality and Social Psychology*, 59, p. 229-241.

SARBIN, T. R. (1954). « Role theory ». In G. Lindzey (Ed.). *Handbook of Social Psychology*, (Vol. 1). Cambridge, Mass : Addison-Wesley.

SARBIN, T. R. (1977). « Contextualism : A world view for modern psychology ». In J. K. Cole et A. W. Landfield (Eds.), *Nebraska symposium on motivation* (Vol. 24, p. 1-41). Lincoln : University of Nebraska Press.

SCHLENKER, B. R. et MILLER, R. S. (1985). « Egotism in group members : Public and private attributions of responsability for group performance ». *Social Psychology Quarterly*, 48, p. 85-89.

SCHLENKER, B. R. et TRUDEAU, J. V. (1990). « Impact of self-presentations on private self-beliefs : Effects of prior self-beliefs and misattribution ». *Journal of Personality and Social Psychology*, 58, p. 22-32.

SCHLENKER, B. R., DLUGOLECKI, D. W. et DOHERTY, K. (1994). « The Impact of Self-Presentations on Self-Appraisals and Behavior – The Power of Public Commitment ». *Personality and Social Psychology Bulletin*, 20, p. 20-33.

SCHNEIDER, D.A., HASTORF, A.H. et ELLSWORTH, P.C. (1979). *Person Perception* (2nd ed.). Reading, MA : Addison-Wesley.

SEAMON, J. G. et KENRICK, D. T. (1992). *Psychology.* Englewood Cliffs, NJ : Prentice Hall.

SENTIS, K. et MARKUS, H. (1979). *Self-schemas and recognition memory.* Manuscrit non publié, University of Michigan. Cité par Markus et Smith (1981).

SETTERLUND, M. B. et NIEDENTHAL, P. M. (1993). « Who Am I ? Why Am I Here ? Self-Esteem, Self-Clarity, and Prototype Matching ». *Journal of Personality and Social Psychology*, 65, p. 769-780.

SMITH, M. B. (1978). « Perspectives on selfhood ». *American Psychologist*, 33, p. 1053-1063.

SRULL, T. K. et GAELICK, L. (1983). « General principles and individual differences in the self as a habitual reference point: an examination of self-other jugments of similarity ». *Social Cognition*, 2, p. 108-121.

STEELE, C. (1988). « The psychology of self-affirmation: Sustaining the integrity of the self ». In L. Berkowitz (Ed.), *Advances in experimental social psychology* (Vol. 21, p. 181-227). New York: Academic Press.

STRYKER, S. et STATHAM, J. (1985). « Symbolic interactionism and role theory ». In G. Lindzey et E. Aronson (Eds.). *Handbook of Social Psychology* (3rd ed.). New York: Random House.

SWANN, W. B, Jr. (1985). « The self as architect of social reality ». In B. Schlencker (Ed.), *The self and social life* (p. 100-125). New York: McGraw-Hill.

SWANN, W. B., Jr, GRIFFIN, J. J., PREDMORE, S. C. et GAINES, B. (1987). « The cognitive-affective crossfire: When self-consistency confronts self-enhancement ». *Journal of Personality and Social Psychology*, 52, p. 881-889.

TAYLOR, S. E. et BROWN, J. D. (1988). « Illusion and well-being: A social psychological perspective on mental health ». *Psychological Bulletin*, 103, p. 193-210.

TESSER, A. (1988). « Toward a self-evaluation maintenance model of social behavior ». In L. Berkowitz (Ed.), *Advances in experimental social psychology* (Vol. 21, p. 181-227). New York: Academic Press.

TVERSKY, A. (1977). « Features of similarity ». *Psychological Review*, 84, p. 327-352.

WEGNER, D. M. et VALLACHER, R. R. (Eds.) (1980). *The self in social psychology*. New York :Oxford University Press.

WEINSTEIN, N. D. (1980). « Unrealistic optimism about future life events ». *Journal of Personality and Social Psychology*, 39, p. 806-820.

WOIKE, B. A. et BAUMGARDNER, A. H. (1993). « Global-Specific Incongruencies in Self-Worth and the Search for Self-Knowledge ». *Personality and Social Psychology Bulletin*, 19 (3), p. 290-295.

WYER, R. S. et MARTIN, L. L. (1986). « Person memory: The role of traits, group stereotypes and specific behaviors in the cognitive representation of persons ». *Journal of Personality and Social Psychology*, 50, p. 661-675.

ZAVALLONI, M. et LOUIS-GUÉRIN, C. (1988). « La transdimensionnalité de mots identitaires: explorations ego-écologiques ». *Revue internationale de psychologie sociale*, 1, p. 173-187.

Lexique

Approche cognitive

Les processus mentaux sont considérés comme une succession d'étapes, chacune d'entre elles étant consacrée à l'exécution d'une fonction particulière, d'une partie du traitement de l'information. Les représentations de Soi sont cognitives et/ou affectives, de formes verbales, neuronales ou sensori-motrices, ou sous forme d'images. Certaines sont organisées dans des structures contenant à la fois une base de connaissances bien élaborées et des règles de production pour savoir comment se comporter dans certains types de conditions. D'autres conceptions sont plus provisoires, construites sur le lieu d'une interaction sociale particulière.

Approche interactionniste symbolique du Soi

Insiste sur la construction-définition d'une réalité subjective. L'individu et son environnement social sont inséparables et interdépendants dans la construction de cette réalité. Les concepts de Soi des individus sont ici considérés comme étant déterminés par leurs interactions symboliques avec autrui.

Biais d'autocomplaisance

Est la tendance des individus à s'estimer davantage responsables de leur succès que de leur échec.

Cognition sociale

Est un champ de la psychologie qui traite de l'appréhension cognitive des objets et des événements sociaux. On examine notamment comment nous prêtons attention, nous interprétons, et nous nous souvenons des événements comme une rencontre avec quelqu'un de race différente, une remarque d'un ami sur notre tenue vestimentaire, ou le témoignage du président de la République sur son passé…

Concept de Soi de travail

Est une structure temporaire constituée d'éléments issus de la collection des conceptions de Soi, organisée en une configuration déterminée par les événements sociaux du moment. Le concept de Soi de travail étant une sous-classe de représentations accessibles à un moment donné.

Concept de Soi

Est défini comme une collection de représentations de Soi.

Effet de référence à Soi (ou self-reference effect)

Est la supériorité de rappel de l'information traitée et encodée en référence à Soi par rapport à une information traitée et encodée sans référence à Soi (sémantiquement par exemple).

Efficacité personnelle

Dans sa théorie de l'efficacité personnelle, Bandura (1977, 1982, 1986) établit une distinction entre les attentes d'efficacité personnelle et les attentes de résultats. Selon cet auteur, avoir un sentiment d'efficacité personnelle, c'est s'attendre à ce qu'un comportement donné conduise à un résultat désiré (l'attente de résultat) et se sentir capable de s'engager personnellement dans ce type de comportement (attente d'efficacité personnelle).

Estime de Soi

Correspond aux auto-évaluations positives et négatives.

Mémoire autobiographique

Ou mémoire personnelle, elle correspond aux souvenirs que nous possédons sur nos propres expériences, c'est-à-dire les souvenirs de la séquence d'événements qui ont touché notre vie.

Prototype

Ou un élément exemplaire de la catégorie, est une abstraction cognitive qui indique le type d'informations qui peut être classé de façon optimale dans la catégorie.

Schémas de Soi

« Molécules cognitives » du concept de Soi, il s'agit de croyances sur soi-même qui guident le traitement de l'information. Les schémas de Soi sont au concept de Soi total d'un individu ce que sont les hypothèses à une théorie, les rayons à une librairie. Plus spécifiquement, ce sont des organisations hiérarchiques de connaissance dans lesquelles des images de Soi spécifiques à des situations sont emboîtées selon un ordre croissant de niveau d'abstraction. Généralement, les jugements sur Soi dans un domaine où l'individu possède un schéma de Soi se font rapidement et efficacement en comparant le stimulus à un trait de niveau d'abstraction assez élevé.

Soi possibles

Sont des représentations spécifiques (imaginaires, sémantiques) de Soi dans des états futurs, c'est-à-dire ce sont les éléments du Soi représentant ce que les individus pourraient, voudraient, ou ont peur de devenir.

Soi

Le Soi est l'ensemble des éléments qui nous définissent.

TABLE DES MATIÈRES

Achevé d'imprimer par Corlet, Imprimeur, S.A - 14110 Condé-sur-Noireau (France)
N° d'Imprimeur : 13184 - Dépôt légal : octobre 1995 - *Imprimé en C.E.E.*